心を癒やす環境デザ

デンマーク・オランダの高齢者居住環境に学

田中直人

彰国社

ブックデザイン　宇那木 孝俊

はじめに

誰もが豊かな人生を享受する「共生社会」の理念のもと、生活環境における安全性や利便性、快適性などの向上が求められている。そしてそれは超高齢社会により増大している認知症高齢者の生活環境についても同様である。

筆者が本格的に認知症高齢者の居住環境を対象に研究を始めたのは2000年頃からである。当時はまだ部屋に4人程度が一緒に暮らす、多床室で構成された老人ホームが主流であったこともあり、調査した施設の多くは、「バリアフリー法基準の遵守」「衛生環境を保つための汚れにくく掃除しやすい内装材の採用」「入居者を管理しやすい見通しのよい配置計画」がなされている傾向にあり、視覚的には病院の病棟と近い印象を持ったことを記憶している。

一方、一連の海外事例研究として実施してきた調査において、福祉先進国の北欧デンマークをはじめとするヨーロッパの福祉施設や高齢者施設を訪問したが、認知症高齢者が住まう環境だけをとっても、視覚的印象だけでいえばその違いは歴然であり、そこには「今までの住み慣れた家」に近づけることを主眼にした環境があった。

2002年、筆者は『五感を刺激する環境デザイン デンマークのユニバーサルデザイン事例に学ぶ』を上梓した。当時の日本では各地の公共空間においてバリアフリー化の整備が進み、またユニバーサルデザインという言葉も一般的に知れ渡り始めた頃である。

日本発祥の視覚障害者用誘導ブロック（以下、点字ブロック）を例に見ても、「景観との調和を考えると黄色はよろしくない。視覚障害者用なのだからまわりの色と馴染ませ同系色でもよいのではないか」「いやいや、視覚障害者には弱視の人が多く、周辺との色のコントラストが重要だから、黄色が望ましい」といった議論もあった。

その一方で当時、デンマークでは、福祉サービスをはじめ、まちづくりを進めるうえでコミュニケーションを大切にする「市民参加システム」[注2]が構築されていた。例えば設計者は、クライアントが身体障害者の場合「バリアフリーよりも美しさを優先したい」と結論を出したならば、対話の中から新たな「バリアフリーデザイン」を生み出す役割を担っていたのである（**写真**）。

この20年の間で日本の高齢化率は11・4％上昇し、それまでバリアフリーの対象となっていた「足腰が不自由な高齢者」への配慮に加えて、認知症高齢者への配慮も必要になった。介護分野においては少人数単位で細やかな介護を行うユニットケアへと変わり、個室タイプの老人ホームが主流になったことで、要介護高齢者の居住環境も病院的・施設的なものから、より家庭的なものへと変わった。とはいえ、住まい手や施設利用予定者との対話や、美しさを重視するデンマークの事例から学ぶべき点は今でも多いと思われる。

写真　多様な形状が存在するデンマークの「誘導デザイン」
デンマークの都市部の歩道の多くはピンコロ石[注1]が誘導ラインのように配置され、都市景観に配慮した点字ブロックとして機能している（上）。幅の狭いタイプの点字ブロックもよく見かける。周辺の床材とのコントラストを保つため、点字ブロックの色を変えるなど柔軟に対応している（下）。

デンマークには優しさやぬくもりに注目し、デンマーク語で北欧諸国にも広がるHygge（ヒュッゲ）という言葉がある。デンマーク人がとても大切にしている時間の使い方や暮らし方、心の持ち方を表す言葉である。欧米ではデンマークのヒュッゲにならって「快適な時間」を過ごすことがブームとなっているそうである。

家族や友人などの「人」やほっと癒やされる心地よい「時間」を大切にし、暮らしを楽しむ。愛着を持って長く使い、ほっこりできる「モノ」や「空間」づくりを心がける。「自然」と触れ合い、癒やしを得る。何気ない日常と向き合うだけで、心が安らぎ、優しい気持ちになれる。

高齢者に限らないが、多様な人たちの居住空間を「施設」ではなく「家」のように住まうこと、ほっこりと心を癒やされるような生活環境となることをめざす癒やしのキーワードである。

本書は前述の拙著の続編として企画したものである。今回は主に認知症高齢者の居住環境に焦点を当てている。認知症高齢者はうつ病などの精神疾患を併発することもあり、物理的な配慮のみならず心理的な配慮として「心を癒やす」仕掛けも居住環境には求められる。本書ではデンマークの高齢者居住施設に、スヌーズレンの発祥国であるオランダの高齢者居住施設を加え、両国の「心を癒やす環境デザイン」事例の紹介を中心に行う。そしてこれらの事例からその考え方と私たちに必要なデザイン手法を提示する。

紹介する事例は「心を癒やす」という、人にとって共通して必要なことをテーマにしている。よって認知症高齢者に限らず、多様な方々への新たな環境デザインへの手がかりとなることを強く願っている。

「注」は脚注
「文」は文献を指す

【参考文献】

田中直人・保志場国夫『五感を刺激する環境デザイン――デンマークのユニバーサルデザイン事例に学ぶ』彰国社、2002
『ステイホームを心地よく・ぬくもりの北欧スタイル』NHK出版、2020

注1　ピンコロ石
花崗岩を約10㎝程度の立方体に切り出した石材をいう。ヨーロッパでは、古くから石畳の床材や歩道などに使用されている。

注2　市民参加システム
デンマークでは会議を中心としたワークショップの手法が開発されている。NGOなどの市民セクターと、行政などの公的セクターに分けて利害関係者全員が数日間にわたり議論し、問題の共有化、将来像の策定、実現するために必要な各セクターの役割を明らかにする。こうした合意形成のプロセスが大切にされている。

CONTENTS

はじめに …… 3

1章 認知症高齢者にとっての居住環境

■超・超高齢社会を取り巻く背景 …… 14
■高齢者へのバリアフリーと認知症高齢者へのバリアフリー …… 15
高齢者と手すり／バリアフリーとデザイン／高齢者の自尊心を守るデザイン／認知症高齢者にとっての「バリア」／お手製のバリアフリー
■社会が思う高齢者像 …… 23
環境の変化と認知症高齢者の心理／BPSDにも配慮した環境デザインの必要性

2章 心を癒やすデザイン手法

①カラーデザイン
■生活の中の色の世界 …… 32
■居住者の環境を守るカラーガイドライン …… 33
■発達障害のある人が持つ色のイメージ …… 35
■分かりやすさを引き出す色 …… 36

②ウェイファインディング

■「空間を把握する能力」を引き出すデザイン……39
■感覚刺激で場所を伝える……40
■奥への誘導……42

③アフォーダンス
■アフォーダンスとそれによる不都合な行為……44
■アフォーダンスの想定とデザイン……45

④レミニセンスデザイン
■レミニセンス（回想法）……49
■インテリアとしてのレミニセンスデザイン……50
■認知症の症状に配慮したレミニセンスデザインの仕掛け……53

⑤カームダウンデザイン
■カームダウンコーナーの設置……56
■共同生活を要する施設のカームダウンデザイン……58
■認知症高齢者にも必要なカームダウン……60
■建物内に点在する「カームダウンコーナー」……61

⑥感覚刺激デザイン
■スヌーズレン……65
■認知症高齢者のためのスヌーズレン……67
■感覚刺激を環境にちりばめる……68

⑦ 各種セラピーデザイン

■ 多様なセラピーを環境へ展開する「セラピーデザイン」……74

■ アートセラピーデザイン……75

各セクションのロゴから展開したデザイン／「可変性」を前提としたアート／平面と立体の融合／個室にもアートの世界

■ 園芸セラピーデザイン……80

クラインガルテンの再現／グリーンインテリア

■ アニマルセラピー……83

個人が飼育するニワトリ／鳥を愛でるインテリアデザイン

COLUMN

非日常体験としての感覚刺激……86

地域に息づく昔話の世界観がまちの環境をつくる―アンデルセンの物語……87

誰もが楽しめる居心地のよい夢の国―チボリ公園……88

3章 デンマーク・オランダのナーシングホームの試み

❶ 地下空間に出現した「商店街」

■ ピレフセット認知症センター（デンマーク）……90

❷ 中庭で世代間のコミュニティをつなぐ

■ ハンゼヒールド・ブリンクホーフェン（オランダ）……96

③ 施設居住を意識させない中庭で街並み再現
■ リートフェルト・アクティビティ（オランダ）……100
④ 入居者と職員により検討された改修デザイン
■ スワンダム・ナーシングセンター（デンマーク）……105
⑤ 壁紙やガラスシートで疑似屋外環境をつくる
■ ソナーハウス・ジュリアナ（オランダ）……109
⑥ 周辺地域との境界線のないナーシングホーム
■ ホルメガード・スパルケン（デンマーク）……115
⑦ 地下室のレミニセンス博物館で世代間交流をはかる
■ アクロポリス（オランダ）……119

COLUMN
癒やしの水辺景観─ニューハウン……124
アートで癒やしのメッセージ─ストックホルムの地下鉄駅……125
自然環境に溶け込む心を癒やす空間①─テンペリアウキオ教会……126
②─スコーグスシュルコゴーデン……127

4章 高齢者居住環境における新たな「場」の創出
① 介護職員が考える高齢者の居住環境
■ 「気分転換の場」のあり方……130

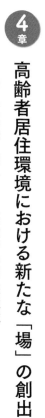

■求められる「第3の場」……130

② 新たな「場」の創出～深草しみずの里での試み～

■カームダウンの「場」の設定……136
■新たなカームダウンスペースの創出に向けて……137
■既存空間を活かすカームダウン「ユニット」の試み……138
「ユニット」へのレミニセンス要素の導入／「おくどさんユニット」／
「縁側ユニット」／「お地蔵さんユニット」
■「ユニット」設置後の入居者への影響……146
毎日のルーティーンになった「お地蔵さん」／認知症者の特有の解釈
■新たな「場」としての「ユニット」の展開方法……150

5章

求められる「心を癒やす」環境デザインとは

■多様性を配慮した環境デザインの方向性……154
■心を癒やす環境デザインの5つの鍵……155
①ライフヒストリーの尊重　②行動習性の活用　③ハレとケの演出
④セラピーの環境化　⑤専門領域の統合

おわりに……164

1章

認知症高齢者にとっての居住環境

■ 超・超高齢社会を取り巻く背景

日本の65歳以上の高齢化率は2020年10月現在、28・8%である。これは「超・超高齢社会」[注1]と表現することができる。高齢化率は2065年まで増加の一途をたどり、国民の約2・6人に1人が65歳以上の高齢者となる社会が到来すると推計されている。[文1]それに比例し認知症高齢者もまた増加の一途をたどることとなる。推計によると2020年現在、65歳以上の認知症高齢者数は約602万人とされ、約6人に1人となる。更に団塊世代が後期高齢者となる2025年には約5人に1人が認知症者になるとされている。[文2]

国は「施設から在宅へ」とする介護政策を行っている。そして高齢者もまた、介護が必要になっても住み慣れた自宅、住み慣れた地域で生活を送りたいと考える人が多い。[文3]一方で高齢者の単独世帯数も増加している。[文4]例えば認知症を疑うきっかけは同居する家族によるところが大きい。ひとり暮らしの場合、認知症に気づかれない場合もある。何より認知症が重症化すると自宅での生活を続けるのは難しいため、老人ホーム等の需要は本人の意思にかかわらず大きい。

注1 超・超高齢社会
65歳以上の高齢化率7%~を「高齢化社会」、14%~を「高齢社会」、21%~を「超高齢社会」という。7の倍数にあたる高齢化率28%以上の社会を、本書では「超・超高齢化社会」と表現する。

文1 内閣府『令和3年度版高齢社会白書』2021
文2 内閣府『平成29年度版高齢社会白書』2017
文3 日本財団「人生の最期の迎え方に関する全国調査報告書」2021
文4 国立社会保障・人口問題研究所「日本の世帯数の将来推計（全国推計）2018（平成30）年推計」2018

■高齢者へのバリアフリーと認知症高齢者へのバリアフリー

高齢者と手すり

自立歩行は可能であるが足腰が不自由になった高齢者に対するバリアフリーでまず思い浮かぶのは「手すりの設置」ではないだろうか。分譲マンションなどでは将来対応として玄関まわりや廊下など、手すり設置が想定される場所の壁の内部に下地補強材が入っているところもある。

加齢により足腰が不自由になると玄関での靴の脱ぎ履きは、立った状態では難しくなる。そのため座った状態で脱ぎ履きするいすが必要になる。しかしいすへの座る・立つの動作も何かにつかまらないと難しい。そして古い戸建て住宅の場合、上がり框が高いため、その上り下りに支えになるものが必要となる。これら一連の動作の不便さを解消しようとすると玄関まわりには結構な数の手すりが必要となる。

バリアフリーとデザイン

筆者は以前、戸建て住宅のバリアフリー改修をしたことがある。そこは足腰が不自由な高齢の父親と同居する家族4人の御宅であった。玄関を上がってすぐの右手に高齢の父親の部屋があるのだが、靴の脱ぎ履きから部屋への移動空間のバリアフリー化が主な依頼内容である。依頼主は直前まで別の会社にバリアフリー改修を依頼していたが、手すりの数が気になったそうである。

「手すりが不要な同居する家族にとって玄関は家の顔となるので、デザイン性を保ってほしい」という思いだったが、その会社からは「バリアフリーとデザインは融合できるものではない」と言われたそうである。

その話を受け筆者は、上がり框の上り下りと靴の脱ぎ履き時に座るベンチの立ち座りに必要な縦手すりを、床から天井まで通した。形状はしっかり握ることができる太さの丸型である。横手すりを使っての歩行では握るのではなく手を滑らせながらの伝い歩きとなる。そのため廊下の移動用として伝い歩きができるよう横桟を付けた。そうすることで玄関での「手すり」の印象が薄くなるよう努めた（**写真1**）。

写真1　手すりの印象に配慮した玄関まわり
（A邸／設計：NATS環境デザインネットワーク）

高齢者の自尊心を守るデザイン

筆者の知人には90歳代の母親がいて、九州の田舎でひとり暮らしをしているという。一般的な年齢のイメージとは異なり、日常生活を送るに際し問題はないものの、やはり加齢に伴い足腰の機能低下は見られる。また住まいも昔ながらの住宅であるため、玄関に手すりを設置することを家族で提案した。しかし母親は頑として首を縦に振らなかったそうである。その理由は「家の顔であり、人をお迎えする玄関を手すりだらけにしたくない」そして、「手すりのある玄関を見て、近所の人に私のからだが衰えたと思われたくない」であった。

「バリアフリー」とは、「バリア（障壁）」と「フリー（除去）」を組み合わせた言葉であり、生活するうえで障壁となるものを取り除き、生活しやすくしようという考え方である。しかし物理的バリアを取り除くことのみに焦点を当ててしまうと、生活空間としてデザイン的に違和感を生じさせ、この母親のように生活者の自尊心を傷つけることにもつながってしまう。「デザイン」は人にさまざまな印象を与えるものである。超・超高齢社会の今、人の心に寄り添う「デザイン」も求められる。

認知症高齢者にとっての「バリア」

認知症の症状というと「短期記憶ができない」「場所が分からなくなり迷う」などが一般的に想像されるであろう。この「場所が分からなくなる」という症状を「失見当識」という。この症状には場所などの他、「日付や曜日、時間の把握が難しい」などがあり、自分の置かれた状況を判断する機能が低下する。「失見当識」は多数ある認知症の症状のひとつにすぎないが、この症状だけをとっても、認知症特有の「バリア」が存在する。

特別養護老人ホーム（以下、特養）の入居者の多くが認知症者である現在、特養にとってはごく当たり前の環境が、認知症者の「失見当識」によって「バリア」を生み出している。それは居住エリアの「個室扉が連続する風景」である。

筆者は2011〜2012年にかけて、3つの社団法人等に所属する関東および関西エリアの高齢者居住施設を対象にアンケート調査を実施した。[文5注2] 各施設に1名、代表で介護職員に回答をいただいた。

認知症には多様な症状が存在し、施設に入居する認知症者の症状もひとりひとり異なる。またその症状により出現する行動も多様であるが、施設内での迷い行動をする入居者は各施設にひとり以上はいるようである。調査では認知症者のいくつかの代表的行動を列挙し、施設にどの程度の入居者が該当するかについて確認した。その2トップの行動が「自分の部屋が分からず迷う」と「トイレが分からず迷う」であり、これらの行動をする入居者がいる施設の割合は共に9割前後と高い（**図1、2**）。またトイレの場所に迷った結果、途中で失禁する入居者もいる（**図3**）。

これらの迷い行動は認知症者にストレスを与える。そしてこのストレスは認知症者にとっての「バリア」といえる。手すりの設置や段差解消といった身体的ストレスに対処するバリアフリーとは異なるバリアフリーが、認知症高齢者の生活環境には必須である。

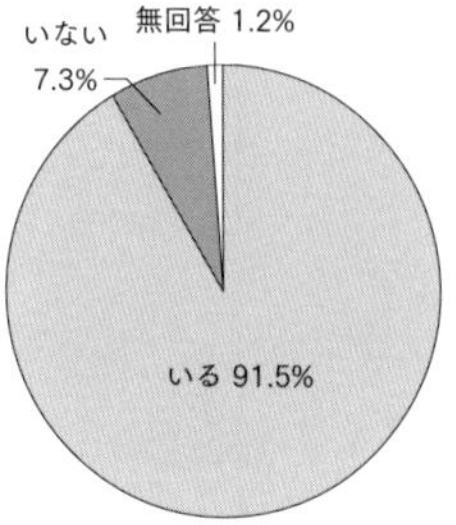

図1 自分の部屋が分からず迷う人の有無

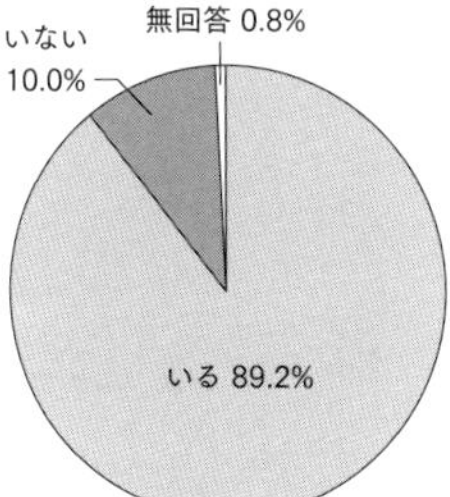

図2 トイレが分からず迷う人の有無

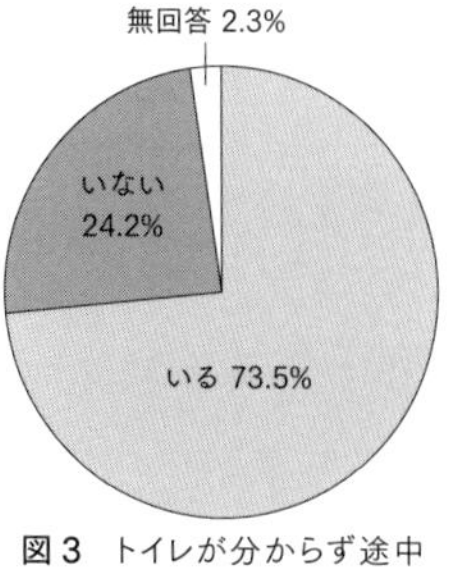

図3 トイレが分からず途中で失禁する人の有無

文5 田中直人、老田智美「認知症高齢者の徘徊および迷い行動からみた感覚誘導手法の有効性-認知症高齢者居住施設におけるわかりやすさに関する研究」第31回地域施設計画研究シンポジウム発表論文集『地域施設計画研究31』日本建築学会、2013・7

注2 調査概要
アンケート調査は2011年8月～9月および2012年1月～2月に、「社団法人日本精神科病院協会、社団法人全国老人保健施設協会、公益社団法人全国老人福祉施設協議会」のホームページで公開されている会員施設より抽出した関西エリア（近畿2府4県）と、関東エリア（茨城県を除く1都5県）にある高齢者居住施設1831件に配布。うち、有効回答数は260部である。

お手製のバリアフリー

筆者がこれまで訪れたいくつかの施設で必ず目にしたのは、個室やトイレ入口を目立たせるために壁に貼られた介護職員お手製のサインである。個室では自分の部屋を認識しにくい入居者の氏名を大きく書いた紙や、その入居者が好きなものが飾られていることが多い（**写真2**）。トイレでは入居者の低い目線に入る高さに、段ボールなどの堅い紙でつくった「突出しサイン」が取り付けられているのをよく目にした（**写真3**）。

前出のアンケート調査では自分の部屋（個室）やトイレが分からずに迷う入居者に対し、認識できるようにどのような対応をしているのかについて確認した。個室の表示では「入居者の氏名の表示」をしている施設が最も多い。そして次に多いのが「入居者の思い出の品の飾りつけ」である。これらの対応は入居者にとって効果があるかどうかを評価してもらっている[注3]。特に「思い出の品の飾りつけ」は中度[注4]の認知症者にも効果があると評価している（**図4**）。トイレの表示では『トイレ』や『便所』等の文字の表示」をしている施設が最も多く、次いで「トイレのピクトグラムの表示」が多い。効果についてはは『厠』や『はばかり』等の文字の表示」の評価が高い。対応している施設は少ないものの、対応している施設では効果を実感していることになる

注3　評価方法
効果について3段階評価で「効果はない」-2点、「軽度に効果あり」0点、「軽・中度に効果あり」2点、と点数に配し、その平均値を出した。

注4　中度の状態
中度とは「認知症高齢者の日常生活自立度」のレベルⅢで示されている「日常生活に支障をきたすような症状・行動や意思疎通の困難さが見られ、介護を必要とする」状態を指す。

写真 2　自分の部屋の目印が飾られている個室等の居住室の入口まわり

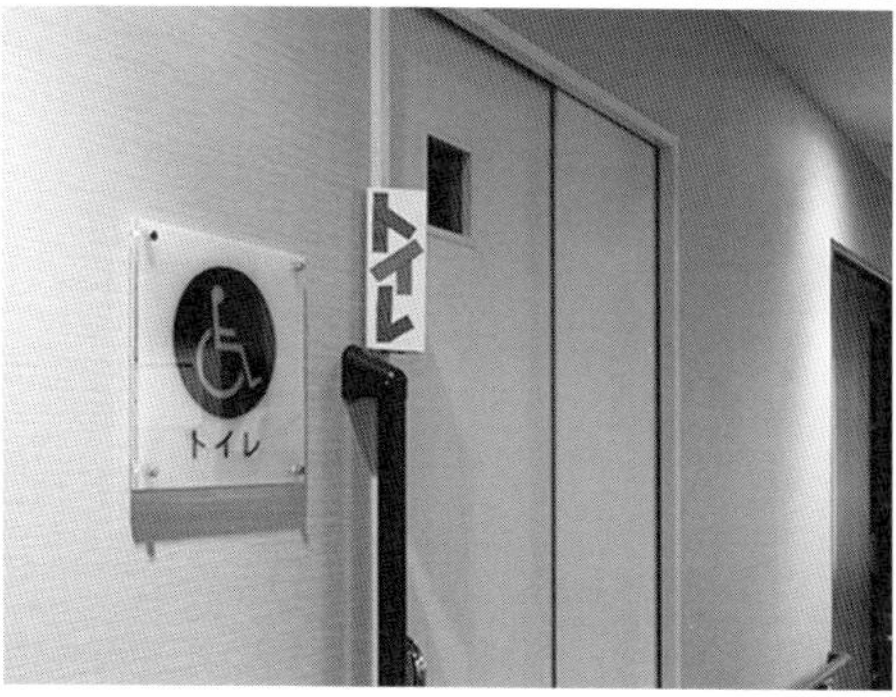

写真 3　既存サインとは別に付けられた職員お手製のトイレサイン

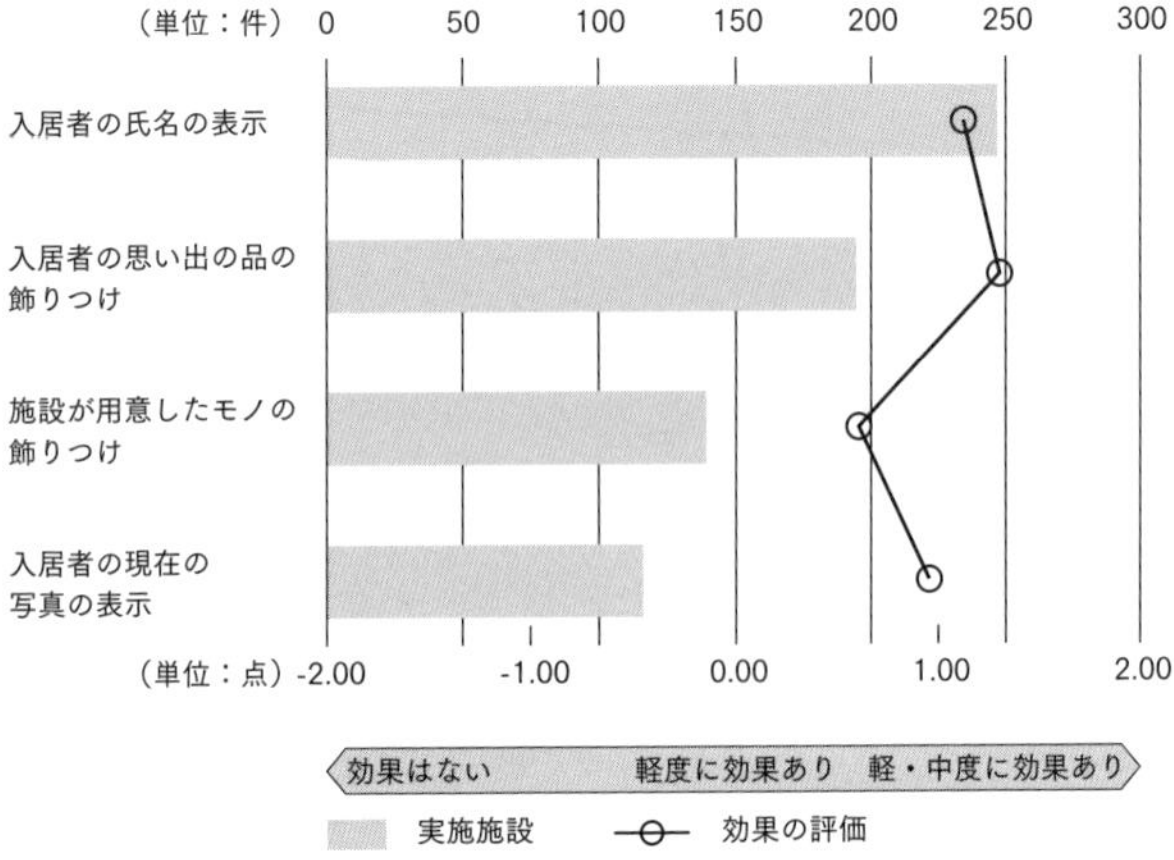

図 4 自分の部屋が分からない入居者への対応方法とその効果

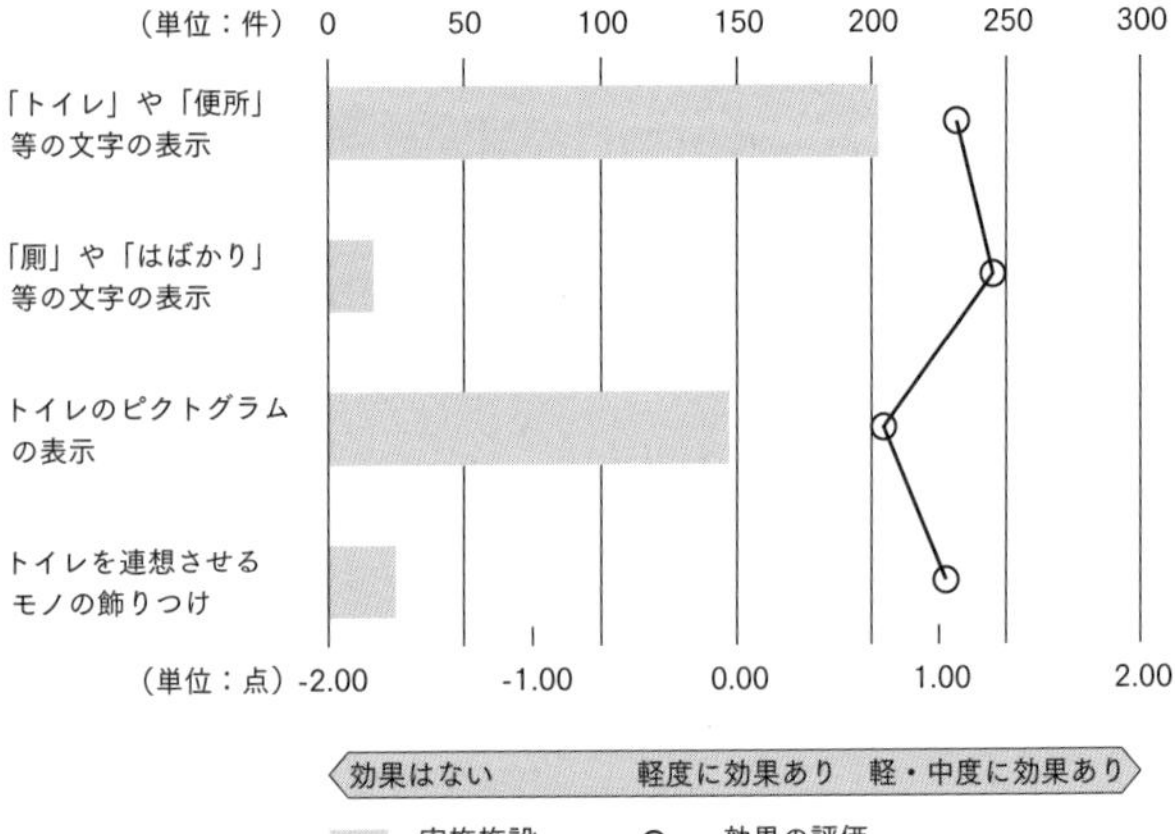

図 5 トイレの場所が分からない入居者への対応方法とその効果

（図5）。「迷い行動の解消」はバリアフリーの対象といえる。物理的バリアフリーを考えるのは建築家の仕事である。一般的に公共施設などでは「迷い行動」の抑制にサイン計画で対応する。設置されるサインは地図をはじめ文字やピクトグラムで構成されているが、これは認知症者がいる環境では意味をなさない。認知症者に対応したサインデザインは前出で紹介したように、すでに介護職員によって示されている。建築家にはデザインのプロとして、認知症者が「迷わない仕掛け」を設計に組み込むことが求められる（写真4）。

■ 社会が思う高齢者像

検索サイトで「おばあさん　イラスト」と検索すると必ず、お団子頭にかんざし、丸い老眼鏡をかけたおばあさんが出てくる。現在、このようなおばあ

写真4　自分の部屋と他の部屋の違いを示すために着色された壁と入居者の思い出の品を飾ることを前提に取り付けられた棚（オランダ）

写真5　住まい手の「世代」を意識させない認知症者用ナーシングホームのインテリアデザイン（デンマーク）

さんを見ることはないが、これは昔から受け継がれたおばあさん像が記号化されて一般に浸透している例である。同様に「高齢者の住まい」では「畳や木の素材を取り入れた落ち着きのある色や空間」が一般化していないだろうか（**写真5**）。

建材メーカーや家具メーカーなどは「医療・福祉施設用」の商品を提供している。これらは抗菌性や防汚性など機能面が優れたものとなっている。メーカーのカタログには各商品の紹介と共に、それら商品を導入した施設の「イメージ写真」も掲載されている（**写真6、7**）。建築家にとってはこれがひとつの参考となり、また現在の医療・福祉施設のデザインイメージを象徴するものと捉えることができる。

特養等の高齢者施設で働く介護職員は「高齢者の居住環境」のデザインについて、どのよう

写真 6　建材メーカーのカタログ写真（提供：LIXIL、デジタルカタログより抜粋）

写真 7　家具メーカーのカタログ写真（提供：オカムラ、デジタルカタログより抜粋）

に感じているのか。筆者は京都にある施設の職員を対象にアンケート調査を行った。[文6注5] 内容は「入居者にとって適すると思われるデイルームの色彩デザイン」についてである。その際、選択肢として3つのイメージを提示している。1つ目は前出のメーカーカタログのイメージ写真に近い「あまり色を多用せず白色系や木調などの落ち着きのある色でまとめた環境」、2つ目は「ソファやカーテンなどにワンポイント的に一色を使った統一感のある環境」、3つ目は「色彩のある壁やソファ・カーテンなどを取り入れたメリハリのある環境」である。結果、回答した職員の半数弱が、ワンポイントカラーがある環境が適すると考えていることが分かった（**図6**）。この調査を行った施設のデイルームの色彩環境は、白色の壁に木のフローリング、木調のテーブルといすで構成されている。その環境に対し居住ユニット[注6]内では職員の手により、腰壁部分にレンガ調の、一部の柱に植物のウォールシールが貼られ、「色」が追加されている（**写真8**）。

文6　老田智美、田中直人「認知症高齢者の帰宅欲求時に利用するカームダウン空間の考え方−認知症高齢者居住施設における周辺症状緩和につながるデザイン手法に関する研究 その2」日本福祉のまちづくり学会第20回全国大会概要集、2017・8

注5　調査概要
アンケート調査は2017年に「特別養護老人ホーム深草しみずの里」の介護職員を対象に実施した。有効回答数は56部である。

注6　居住ユニット
調査対象施設は、全て個室で10人程度を1つのユニットとして少人数の介護を行う「ユニットケア」を導入し、それに対応した間取りになっている。本書では1つのユニットを「居住ユニット」という。

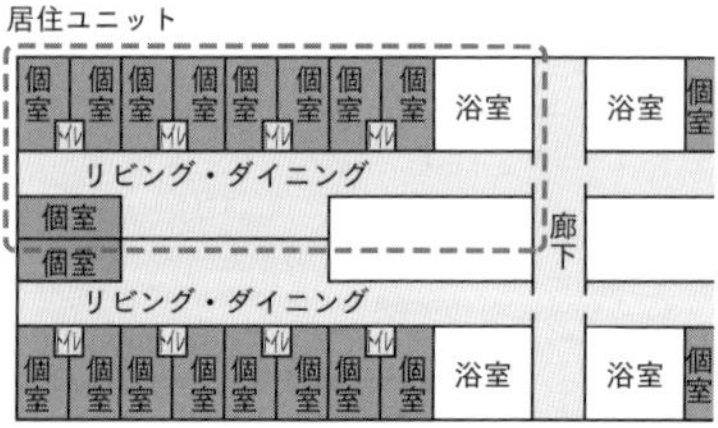

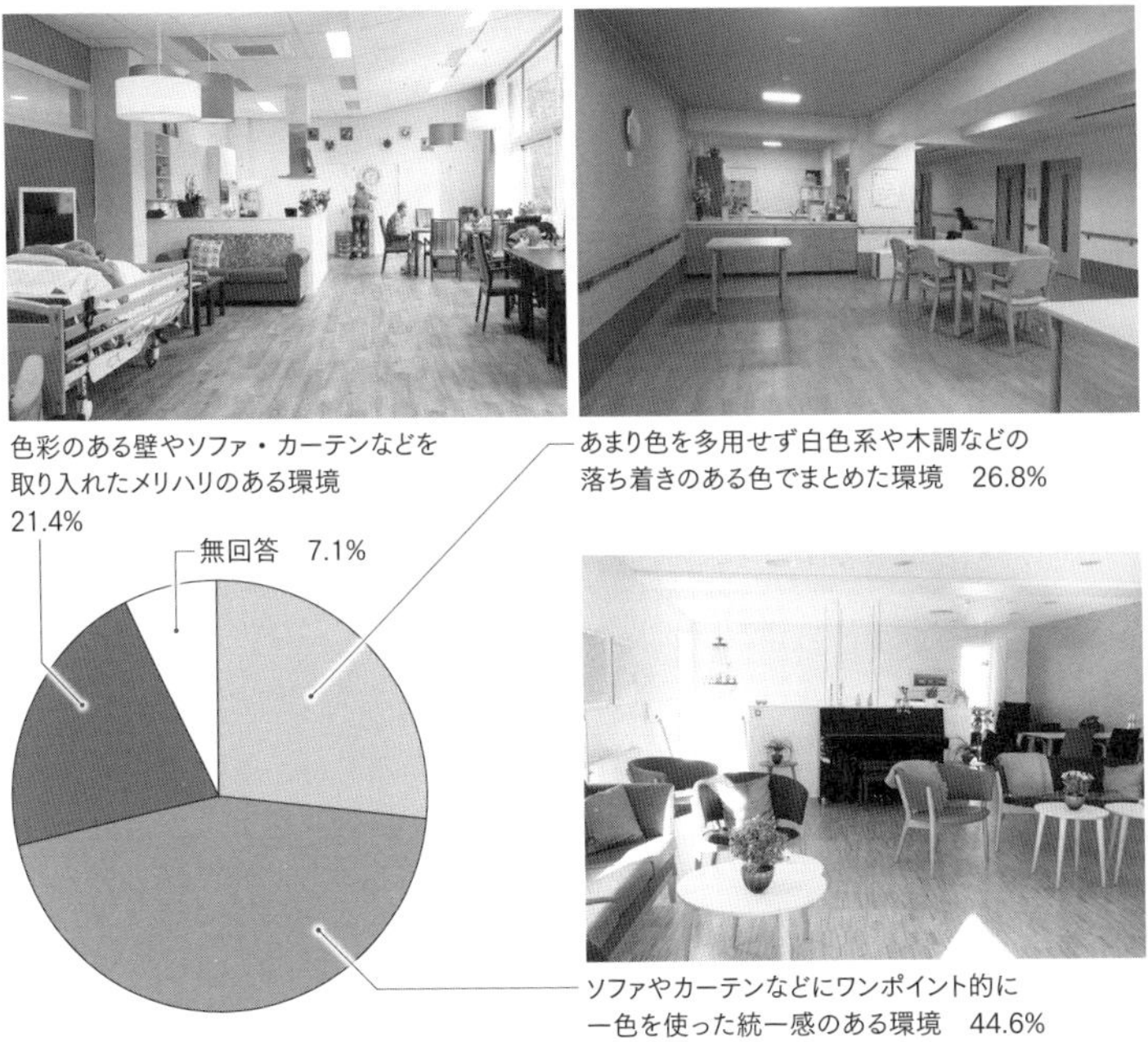

図6　入居者にとって適すると思われるデイルームの色彩デザイン

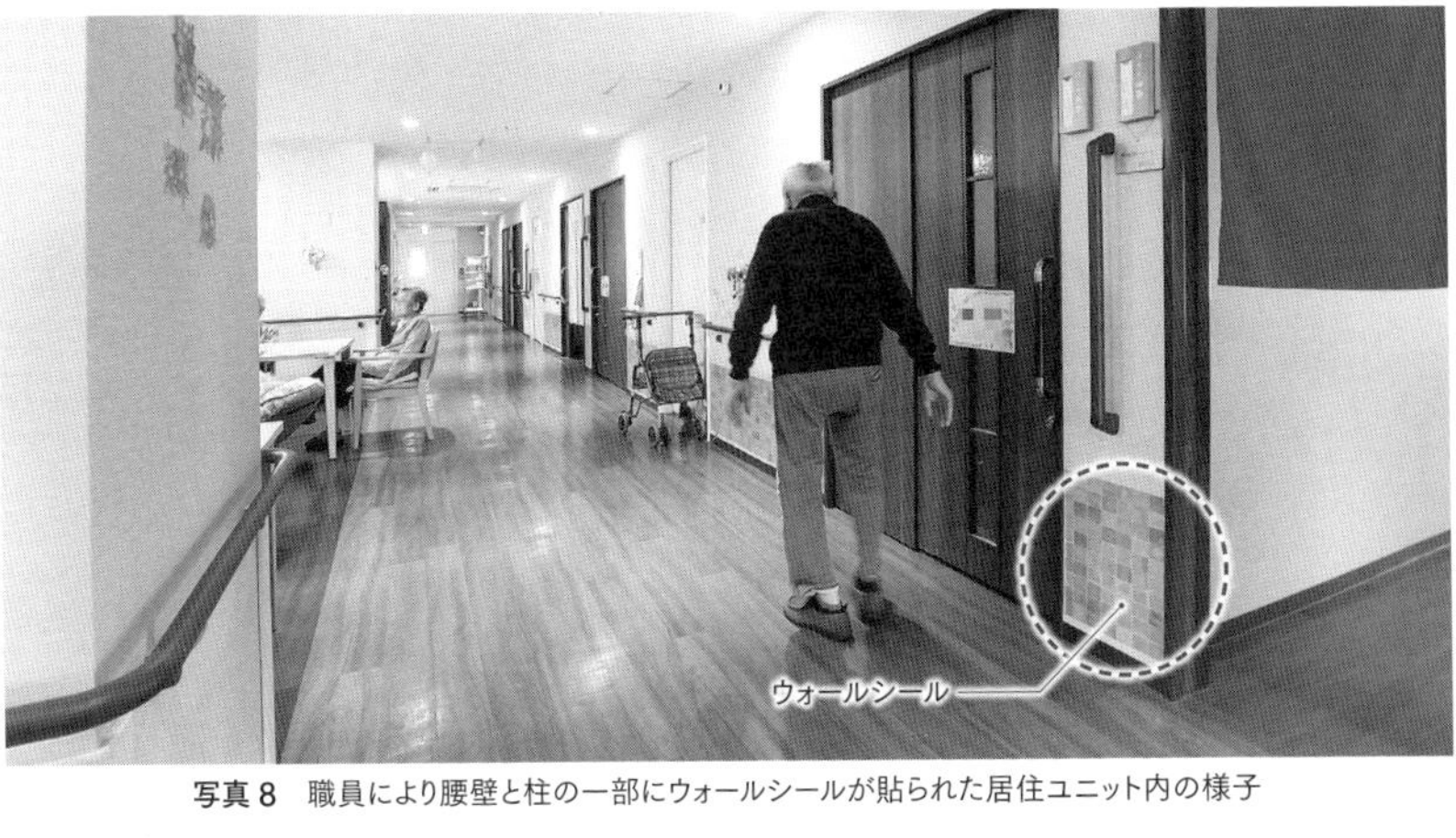

写真8　職員により腰壁と柱の一部にウォールシールが貼られた居住ユニット内の様子

環境の変化と認知症高齢者の心理

認知症高齢者の中には環境の変化に対応ができない人や、変化による不安から不穏行動が出現する人もいる。ある認知症の男性がショートステイを初めて利用した時、トイレとは違う場所で用を足したそうである。ただその男性は自宅では普通にトイレで用を足していた。自宅のトイレは和式で、施設のトイレは洋式であったため、使い方が分からずパニックになったことが原因であった。その後、男性が自宅に戻ってからは、今まで通り問題なくトイレを使っていたそうであ

写真９　「トイレはここです」と書かれた紙が貼られている高齢者優良賃貸マンションの住戸内トイレ

この住戸には軽度認知症者が住んでいる（当時）。トイレの扉が折れ戸のため、過去の記憶から「クローゼット」と考え、トイレ内に沢山の荷物を置くようになり、トイレ以外の場所で用を足すようになった。

る。健常者からすると「認知症が進行した」と考えてしまいがちであるが、実際には必ずその行動を引き起こす原因が存在する。本書の2章と3章で紹介するデンマークやオランダの高齢者施設では「いかに今まで住んでいた家と変わらない住環境を提供するか」に重点が置かれている。それほど目に見える環境は認知症者に大きな影響を与える（**写真9**）。

BPSDにも配慮した環境デザインの必要性

認知症の症状には「短期記憶ができない」や「場所が分からなくなり迷う」など脳障害が原因の中心となる「中核症状」と、認知症者の心理的要因が作用して起こる周辺症状「BPSD[注7]（行動・心理症状）」がある。BPSDには徘徊や異食[注8]、幻覚・妄想の他に、不安、抑うつ、暴力、興奮などがある。

BPSDが出現する人が多く入居する施設の中には、BPSDによる破壊行為や誤飲などの事故や怪我を防ぐため、なるべく家具や装飾品など、物を設置しない「対処法」を施しているところもある。そのため場合によっては、一般的な居住空間とは異なる側面を生み出すこともある。そして視覚情報から得る「無機質空間」が更に認知症高齢者の不安を誘発するという負のサイク

注7　BPSD
Behavioral and Psychological Symptoms of Dementia の頭文字を合わせたもの。日本語では行動・心理症状（周辺症状）という。

注8　異食
食べ物と認識できず、食べ物以外のものを食べること。

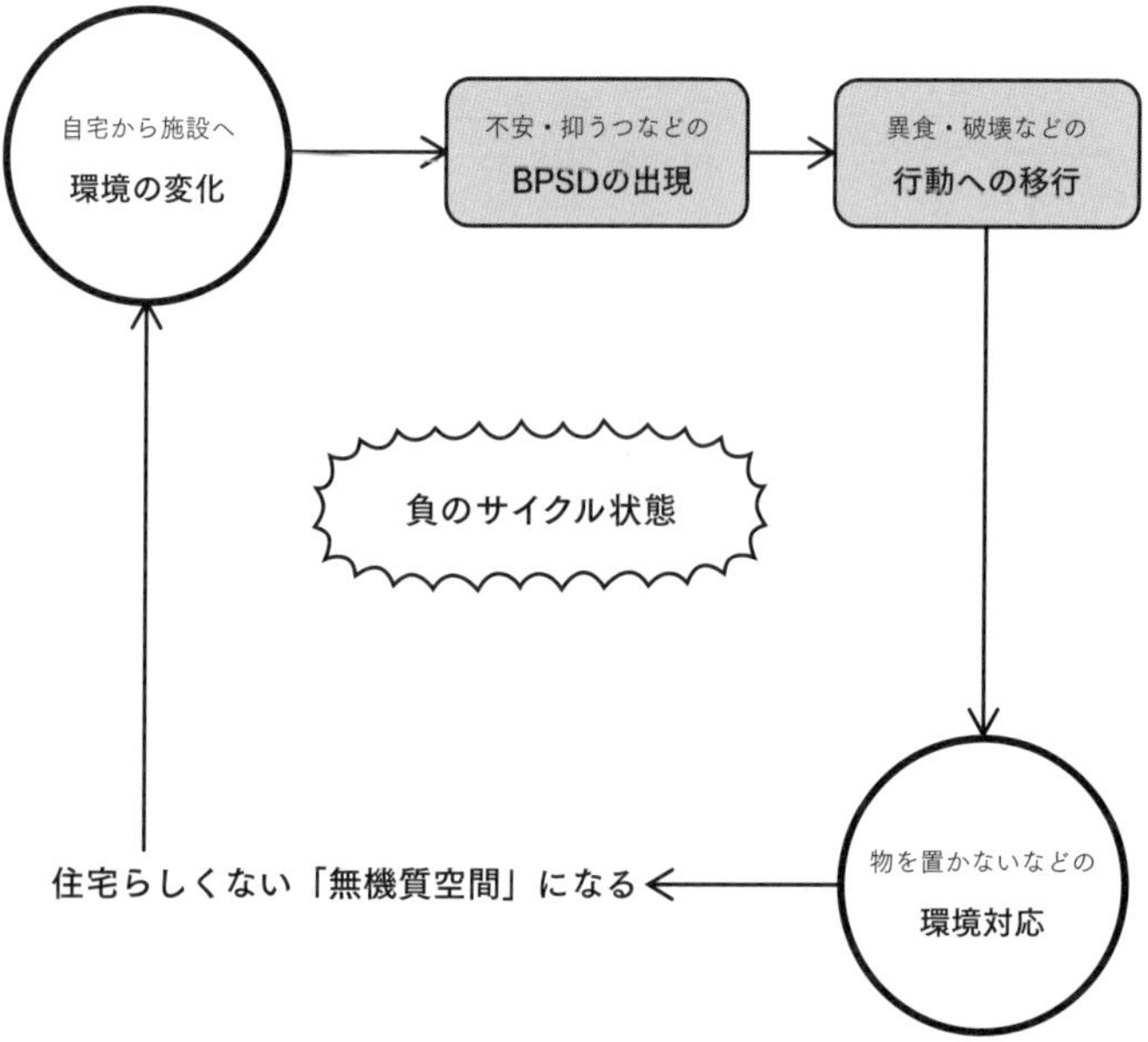

図7　環境の変化が認知症高齢者に与える影響と環境対応からくる負のサイクル

ルを起こしかねない（**図7**）。

ＢＰＳＤが出現している人への対応は、多くの施設では介護職員に委ねられている。しかしその対応を補完するような、心を落ち着かせる環境「心を癒やす環境デザイン」が必要ではないだろうか。

2
章

心を癒やすデザイン手法

1 カラーデザイン

■生活の中の色の世界

私たちは生活の中で「五感」といわれる感覚機能により、環境からさまざまな情報や刺激を受け入れている。とりわけ視覚から得る情報は全体の8割以上を占めるといわれ、そしてその視覚情報の世界には必ず「色」が存在する。

デザインやアートの分野では、日常の生活で使用する生活雑貨や衣服ファッション、インテリア、建築、街並みなどにおいて色の持つイメージなどに基づきデザインが行われている。なぜなら色には人の心理に影響を与える力があるからである（**表**）。

色にはそれぞれ人の心理に影響を与える意味がある。その意味を活用し、インテリアデザインに展開している事例は多数ある。

表 色彩感情

色	感情質
赤	激情、怒り、歓喜、活動的、興奮
黄赤	喜び、はしゃぎ、活発さ、元気
黄	快活、明朗、愉快、活動的、元気
緑	やすらぎ、寛ぎ、平静、若々しさ
紫	厳粛、神秘、不安、優しさ
青緑	安息、涼しさ、憂うつ
青	落ち着き、寂しさ、悲哀、深遠、鎮静

色	感情質
青紫	神秘、崇高、孤独
白	純粋、清々しさ
灰色	落ち着き、抑うつ
黒	陰うつ、不安、いかめしさ
朱	熱烈、激しさ、情熱
ピンク	愛らしさ、優しさ
渋い茶	落ち着き

（日本建築学会編『建築の色彩設計法』丸善、2005 をもとに作成）

■

居住者の環境を守るカラーガイドライン

デンマークのバレルプ市（Ballerup）の郊外にある施設。ここは人生最後の時をその人らしく暮らせるように支援するホスピスである。14の居住者用の個室（**写真1**）と共有のリビングエリアで構成されたこの施設は、小さな湖のそばに建っており、そのデザインコンセプトは「静けさと安心感」である。このコンセプトを具現化する要素のひとつとして、施設独自の「カラーガイドライン」が作成され、インテリアデザインに取り入れられている（**写真2、3**）。

ガイドラインはとてもシンプルで、2色の場合の組合せパターンと3色の場合の組合せパターンが、色番号と共に示されているだけである。このガイドラインはデザイナー向けというよりは、施設スタッフ向けにつくられている。日々の生活の中でさまざまな物が追加され、交換される。それらの新たな「色」により環境が変わらな

写真1　湖に臨む居住者用の個室（デンマーク）

写真２　施設独自で作成されたカラーガイドライン（デンマーク）

写真３　ガイドラインに基づきカラーコーディネートされた談話室（デンマーク）

いよう、居住者にとって「静けさと安心感」の場が継続できるよう、ガイドラインは活用されている。

■ 発達障害のある人が持つ色のイメージ

発達障害のある人たちの特性を考慮した生活環境整備としては、環境からの刺激をコントロールすること、空間を分かりやすくすることなどが大切とされている。彼らの視覚的手がかりの特徴として「形態視よりも色彩視が優位である」との報告も見られ、彼らにとって色は非常に重要な環境要素であると考えられる。これらに加え、刺激に対して敏感であることから、環境要素からの刺激が不適切な感情・行動を誘発する可能性もある。逆に言えば環境要素からの刺激を適切にコントロールすることにより、落ち着きやプラスの感情を誘発することができると考えられる。

筆者はこれまで、発達障害のあるこどもを対象にさまざまな色のイメージに関する調査[文1]を行ってきた。例えばピンク色に関する好き・嫌い調査では、健常児の場合、多くの男児は「嫌い」と示すのに対し、発達障害児は男女共に「好き」と示す結果となり、これまでの一般的な「男の子は青色系が、女の子は赤色系が好き」という認識は当てはまらないことが分かる。また発達障害児の色に対するイメージは、抽象的ではなく具体的事物とのつながりが強いことも分かった。例

文1　田中直人、岩田三千子、彦坂渉「発達障害児の色のイメージに関する研究」福祉のまちづくり研究、2015

えば「寝る時」の色のイメージとして、電気（常夜灯）の色やパジャマの色などからビビッドな黄・緑・青色を選んだりする。

発達障害児の好みの色は、直前の体験・心理状況により変化するということも調査から分かった。デンマークの自閉症[注1]センター内にはいくつかの「カームダウンエリア」[注2]が設けられている。そこにはそれぞれテーマカラーが設定されており、利用者はその時々の気分で好みのテーマカラーの場所で過ごすことができるよう選択肢が設けられている（**写真4**）。色を取り入れることにより、施設利用者の落ち着きやプラスの感情を誘発する環境づくりの好例といえる。

■ 分かりやすさを引き出す色

色は分かりやすくするためのアイテムとして、例えば電車の路線や駐車場、複数ある出入口の区別などにも使用される。老人ホームなどでは、各個室の扉が並ぶ廊下の風景を見ることが多い。成人であれば日々の移動の繰り返しで目的の場所を認識するが、高齢者の場合、認知機能が低下

注1　自閉症（自閉スペクトラム症）
複数の状況で社会的コミュニケーションや対人的相互反応の持続的欠陥、固執やこだわり、感覚刺激に対する過敏さ、または鈍感さなどが見られる発達障害のひとつである。また、さまざまな併存症があり、特に知的障害が多い。近年、自閉スペクトラム症の人は約100人に1人いると報告されている。

注2　カームダウン
自閉症者は、大勢人がいる、騒々しい、温度や湿度が高いなどの場所が苦手であり、その状況が続くと「大声で泣き叫ぶ」などのパニックになる人も少なくない。そのような時は静かなところで、黙って15～20分ほどすると落ち着く（カームダウン）ことができる。

写真 4　自閉症センター内にあるテーマカラーが設定されているカームダウンエリア（デンマーク）

する人もいるため、他の個室と区別する手法として色を活用する施設がある（**写真5**）。

高齢者の場合、体力面では個人差がはっきりしているが、視覚機能においてはほぼ同じように低下し、老眼もそのひとつである。「発症原因の90％が加齢」といわれている白内障の人も多い。白内障とはレンズの役割を果たす水晶体が白く濁る状態である。全体がぼやけて見えたり、暗いところが見えにくくなったり、色の区別がつきにくくなる。階段まわりが薄暗かったり、段鼻がはっきり見えにくいことで、足の踏み外しの恐怖を持つ高齢者もいる。コントラストのある色づかいは、高齢者の

写真5　個室入口まわりの壁の色を個室ごとに色分けすることで他の部屋との違いを出している。（写真上：デンマーク、写真下：オランダ）

安全性を確保するアイテムといえる。

また、同系色の事物が並ぶと見分けがつかなくなることもある。例えば清潔感をイメージできる白色タイルで床と壁が構成されているトイレに、白色の便器があると、白内障などの高齢者は見分けがつかなくなる。スウェーデンで見たナーシングホーム[注3]では、便器が設置されている背後の壁面のみ有彩色のタイルが貼られていた。白い便器と背後の壁面にコントラストをつけることで、便器を際立たせている（**写真6**）。

注3　ナーシングホーム
日常的な医療・介護やリハビリを必要とする人のための施設である。日本の特別養護老人ホームに近い。本書では海外事例の特別養護老人ホームに該当する施設を「ナーシングホーム」と表現する。

② ウェイファインディング

■「空間を把握する能力」を引き出すデザイン

ウェイファインディング（Wayfinding）とは、人が本来持っている「空間を把握する能力」をもとに、色・光・サインシステムなどさまざまな環境要素を活用しながら空間認知を助け、目的地への経路を適切に案内する計画手法のことである。

一般的に人の行動として、相対的に明るい方向へ、暗闇の中では光がさす方向へ向かい、通路の分岐点では、幅が広い方の通路や天井高の大きい方の通路を選択するとされている。これは認

写真6　白い便器の位置が分かりやすいよう、壁面の一部を着色したナーシングホームの個室内トイレ（スウェーデン）

知症高齢者も同様であり、過去に筆者が実施した日本国内の高齢者施設職員を対象としたアンケート調査結果でも確認している。文字の認知が難しくなった認知症高齢者に対し、施設内のある目的地へ誘導したい場合、このウェイファインディングシステムの導入は有効である。

■感覚刺激で場所を伝える

ウェイファインディングは、視覚以外の感覚で情報提供が必要となる視覚障害者施設で導入されている事例がある。デンマークにある視覚障害者のための研修・休暇施設「フールサングセンター」は、60室のツインルームの宿泊室をはじめ、レストラン、ラウンジ、プール、サウナ、研修室など平屋で構成されている。施設の廊下は基本的に中庭に沿っており、晴眼者は中庭を通じて施設の移動方向を知ることができる。また視覚障害者にとっては、中庭からの太陽光が移動支援になる。全盲者の中には光を感じることができる人もいるので、光の位置を頼りに施設内での移動方向を把握することができる（**写真7**）。

交差点部分の天井は廊下よりも約2・5倍高くなっており、その上部には天窓が設けられているため、交差点部分も光を感じることができる（**写真8**）。また、天井の高い交差点部分に差しかかると、足音や白杖を床にタップする反響音が高くなる。聴覚により情報収集する視覚障害者の特性を最大限に活かした建築形態になっている。

写真7　光が感じられる位置を頼りに、視覚障害者の移動方向を伝えるために中庭側がガラス張りになっている廊下（デンマーク）

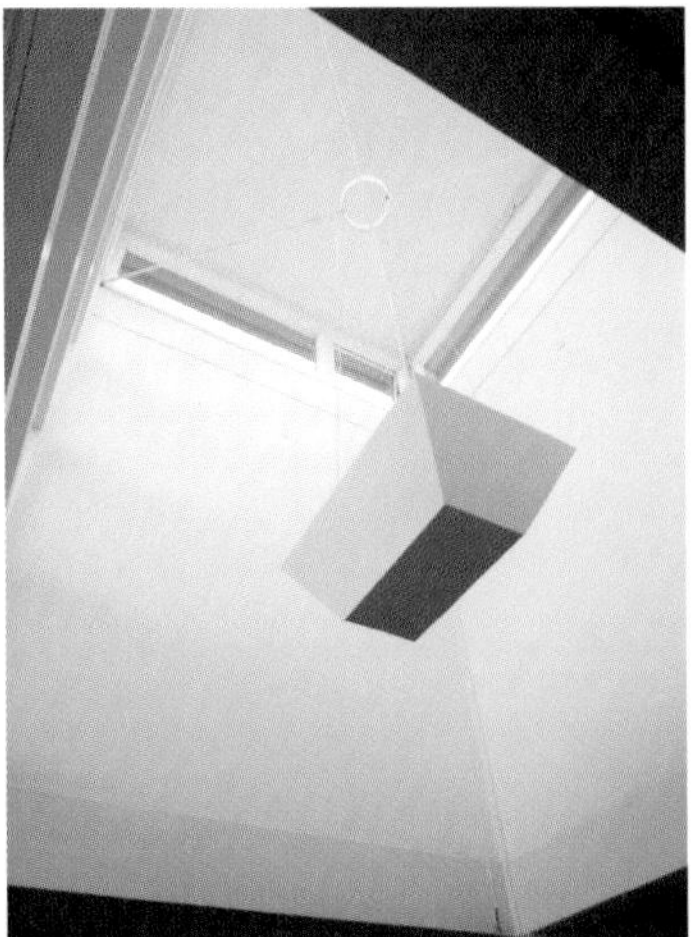

写真8　光を感じることができる交差点（左）と、その天井部分（右）（デンマーク）

■奥への誘導

人は明るい方へ行こうとする性質があるが、空間的に狭いところから広がりのある方へ行こうとする性質もある。そしてそれは「奥に何かありそう」と期待感をもたらすこともある。

中庭を中心に街並みを再現した配置計画がなされているオランダの認知症高齢者グループハウスには、入居者の健康増進やリハビリを兼ねた散策の小路が用意されている。そしてこの小路には歩行を手助けするための手すりが連続して設置されている。緑色の空間に映える黄色の手すりは、コントラストが高く目を引き、この黄色のラインの連続が奥へと誘導するかたちになっている。手すりという歩行補助機能が、ウェイファインディングとしての機能も担っている事例といえる（**写真9**）。

例えば従来型[注4]の老人ホームなどの共用の食堂やリビングに続く廊下に、照明器具や入居者の低い目線に合わせた絵画や装飾品などを連続的に配置することで、認知症の入居者に「奥に何かありそう」と思わせたり、移動を促す仕掛けになることが期待できる（**写真10**）。

注4「従来型」老人ホーム
厚生労働省の「個室・ユニットケアの推進」により、2002年からはユニット型が制度化された。このユニット型に対し、それまでに建てられていた形態の施設を「従来型」と呼んでいる。1部屋に4人程度が一緒に暮らす多床室で構成され、食堂やリビングは入居者全員で利用できる大きなつくりになっている場合が多い。

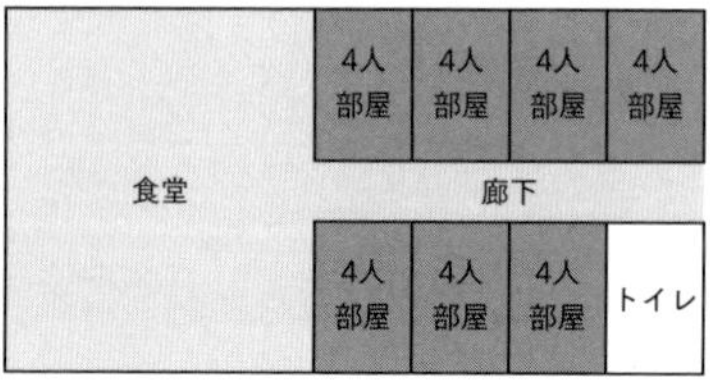

写真 9　中庭の奥へと導く連続した黄色い手すり（オランダ）

写真 10　廊下の奥へと誘導がはかられた連続した飾り（デンマーク）

③ アフォーダンス

■アフォーダンスとそれによる不都合な行為

地面から少し立ち上がった面が平坦なら、人はそこに「座れそう」と考える（**写真11**）。逆に言えばその立上がりは、知覚を引き起こす資質を備えている。人はこのような環境の資質や情報を自ら発見し、行動する。これをアフォーダンス[注5]という。

例えば、公園に幅の広いベンチがあると、ある人は「横になって寝られそう」と考える。またある人が建物内の吹抜け空間に設置された柵兼手すりのそばでジュースを飲んでいると携帯電話が鳴った。もし手すりの形状が平らであったら、その手すりを「幅の狭いテーブル」と考え、手すりの上に飲みさしのジュースを置いて携帯電話で話し始めるかもしれない。このようにアフォーダンスは時として施設管理にとって「不都合な行為」として現れることがある。そのためベンチの中央に肘置き

写真 11　植栽の縁石に座る人

注5　アフォーダンス
「与える」「（ある行動を）可能にする」という意味の英単語「afford」をもとにしたアメリカの認知心理学者ジェームズ・ジェローム・ギブソンによる造語。

を付けてベンチで横になることを防いだり、手すりの形状を丸くすることで、手すり上に物が置けないようにするなどの「不都合な行為の排除・抑制」デザインも存在する。

■アフォーダンスの想定とデザイン

老人ホームなどに住む認知症高齢者の中には、外出を希望する人や施設内を徘徊することで施設管理者にとって入ってほしくない場所へ入って行く人もいる。だからといって、居住エリア以外の場所へ出ないように鍵を閉めることは監禁することになる。

デンマークにあるナーシングホームのデイサービスエリアには、外部に面した庭付きの棟がある。庭はデイサービスのリビングに面しているため自由に出入りできるようになっている。庭と外部の間にはフェンスが設置されており、出入口も設けられている。フェンスの出入口にはノブが付いているため、それを見た認知症高齢者の中にはそのノブを持って庭から外部へ出ようとする人もいる。それを防止するために鍵を掛けなくても外部へ出にくい仕掛けとして二重ノブが導入されている。認知症者にとっては複雑な操作となるため途中で諦めてもらうことになる（**写真12**）。

同じくデンマークの別のナーシングホームでは、入居者である認知症高齢者のアフォーダンス

写真 12　2つのノブが付けられた柵の扉（デンマーク）

による行動を抑制するため、インテリアデザインにある仕掛けが施されている。管理上区分されたエリアをつなぐ施設スタッフ専用の扉には、本棚の絵が描かれている。その扉が設置されている部屋のインテリアに合わせた違和感のない絵であるため、認知症でない人でも扉だとは気づきにくくなっている（**写真13**）。

オランダの認知症高齢者グループハウスの敷地内の庭と敷地外の境界線にある門扉には防犯上施錠されているが、この庭は入居者である認知症高齢者が利用する場所であるため、周辺環境に馴染ませた絵が描かれている（**写真14**）。もし絵が描かれておらず誰もが認識できる門扉のままなら、入居者の誰かが門扉のノブに手をかけ、敷地外へ出ようとする行動が発生するかもしれない。その際、施錠され開かないと、入居者にストレスを与えることになってしまう。この門扉の絵は、認知症高齢者の行動抑制というよりは、ストレスを与えないための配慮としての意味合いが強い。

ここまで紹介した事例は、周辺環境に馴染ませる絵を描くことで扉の存在を消したものであるが、同じく絵を描き扉だと分からないようにしているものの、その空間とは関係のない「絵の世界」をつくり込んでいる事例もある。オランダの認知症高齢者施設では廊下の突き当りの一角に、入居者には「開けてほしくない扉」がある。その扉には馬の親子が描かれている。この施設の廊下は屋外空間として捉えられている。扉は馬場であり、それを眺められるようにベンチが置かれている（**写真15**）。高齢者は動物を好むといわれている。入居者と介護者がベンチに座り、馬の親子を愛でながら会話を誘発する仕掛けといえる。

写真 13　本棚の絵が描かれた「開けてほしくない」扉（デンマーク）

写真 14　周辺環境に馴染ませ、存在を消した門扉（オランダ）

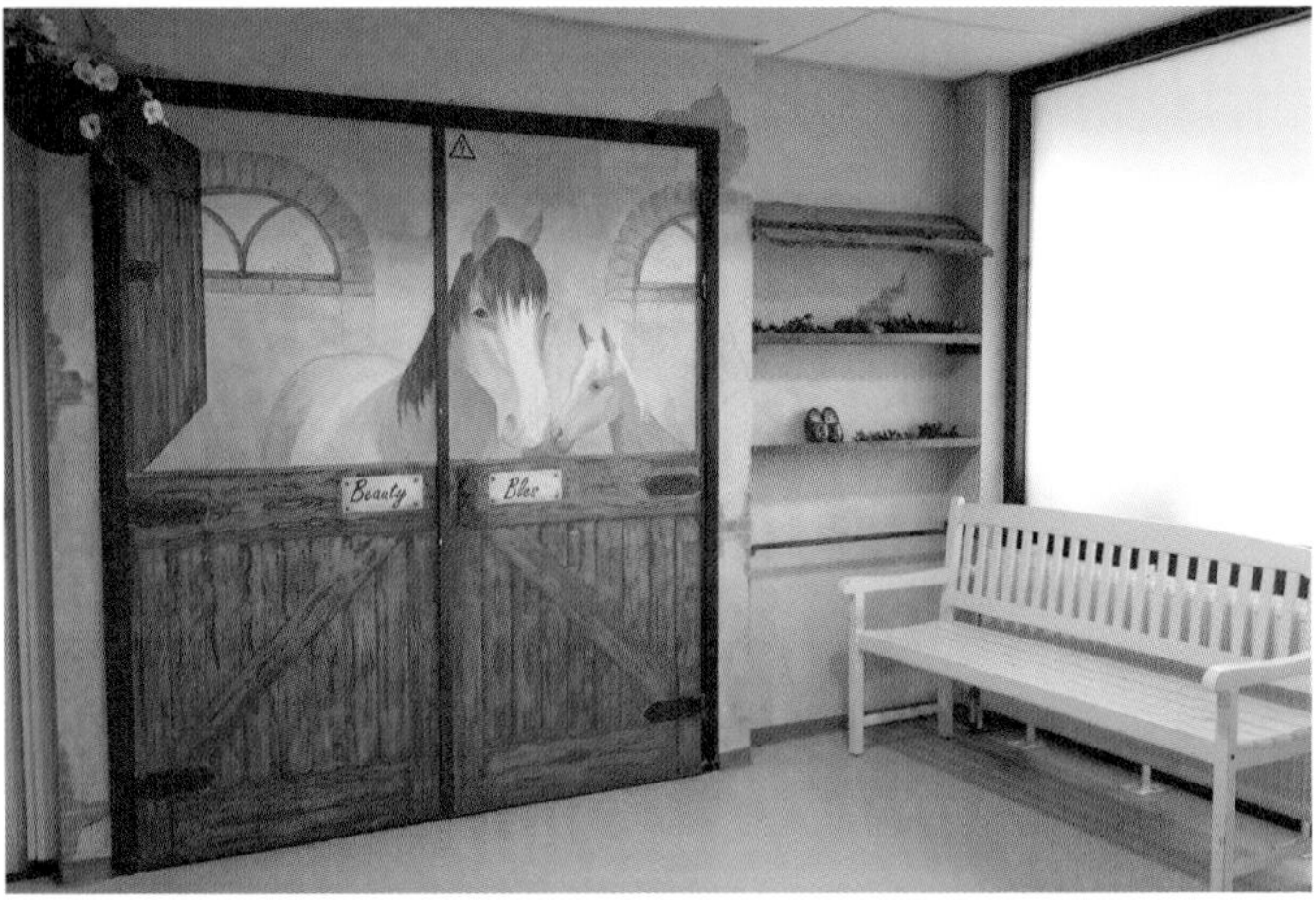

写真 15　「絵の世界」をつくり込んだ「開けてほしくない」扉まわり（オランダ）

④ レミニセンスデザイン

■ レミニセンス（回想法）

老人ホーム等でのアクティビティケアとして導入されて久しいレミニセンス。日本では回想法と呼ばれている。レミニセンスはアメリカの精神科医ロバート・バトラーによって提唱された心理療法である。「なつかしい物」を利用し、高齢者の発話のきっかけをはかる。会話をすることで、心の安定をはかりながら、なつかしい・楽しいといった思い出を蘇らせ、精神的に心地よい環境をつくり出すことを目的としている。この療法を積極的に行っている施設の中には「思い出の小部屋」といったネーミングの、入居者にとってなつかしい物に囲まれた専用の部屋を用意している場合もある（**写真16**）。

写真 16　思い出の小部屋（福岡）

■インテリアとしてのレミニセンスデザイン

レミニセンスに利用するなつかしい物をインテリアとして導入する施設は国内外にかかわらず少なくない。ただし筆者がこれまで訪問したデンマークやオランダなどの施設では、その導入方法は日本に比べて、より大胆な傾向にある。

オランダにある高齢者住宅内の重度認知症者が住まうフロアの壁面には、この施設の近所の約１００年前の写真が壁紙として使用されている（**写真17**）。使用されている写真は女性たちが水辺で洗濯をしている様子であり、これは入居者の親世代が経験していた時代のものである。日常的に目にすることができるため、入居者が立ち止まり自分の思い出話を語るきっかけを提供している。

デンマークにあるナーシングホームのエントランスホールには、この施設の入居者が若者であった

写真17　約100年前の地域の風景写真が壁紙として使用されている重度認知症住宅の廊下壁（オランダ）

1930～40年代の物が展示場のように飾られている（**写真18**）。レトロな家具と共に、男性向けではさまざまな工具が、女性向けではキッチン用品などがレイアウトされており、これは他の施設でも見られる傾向にある。これらの物は入居者が自由に手に取ることができる。例えばある施設に入居する認知症の女性に飾られているピーラーを持たせると、実際にじゃがいもの皮をむくことができたといい、昔の記憶を呼び起こす効果があるという。ただし、どの施設でも「共通のなつかしい物」が有効かというと、そうではない。

ドイツにあるナーシングホームでもインテリアのひとつとしてなつかしい物が飾られており、他の施設同様、工具やキッチン用品もあった。しかしキッチン用品においては多くの女性入居者は興味を示さなかったとのこと。その理由は、この施設は高級ホームであり、多くの入居者は元々邸宅に住んでおり、家事全般はお手伝いさんが行っていたため、女性入居者の多くはあまり料理をした経験がなかったためである。その代わりにハンドバッグや帽子などを廊下に飾ると、入居者はそれを手に取り、廊下を歩くそうである（**写真19**）。「なつかしい物」は、施設の入居者層のこれまでの生活に対応させることが重要であることを教えてくれる例である。

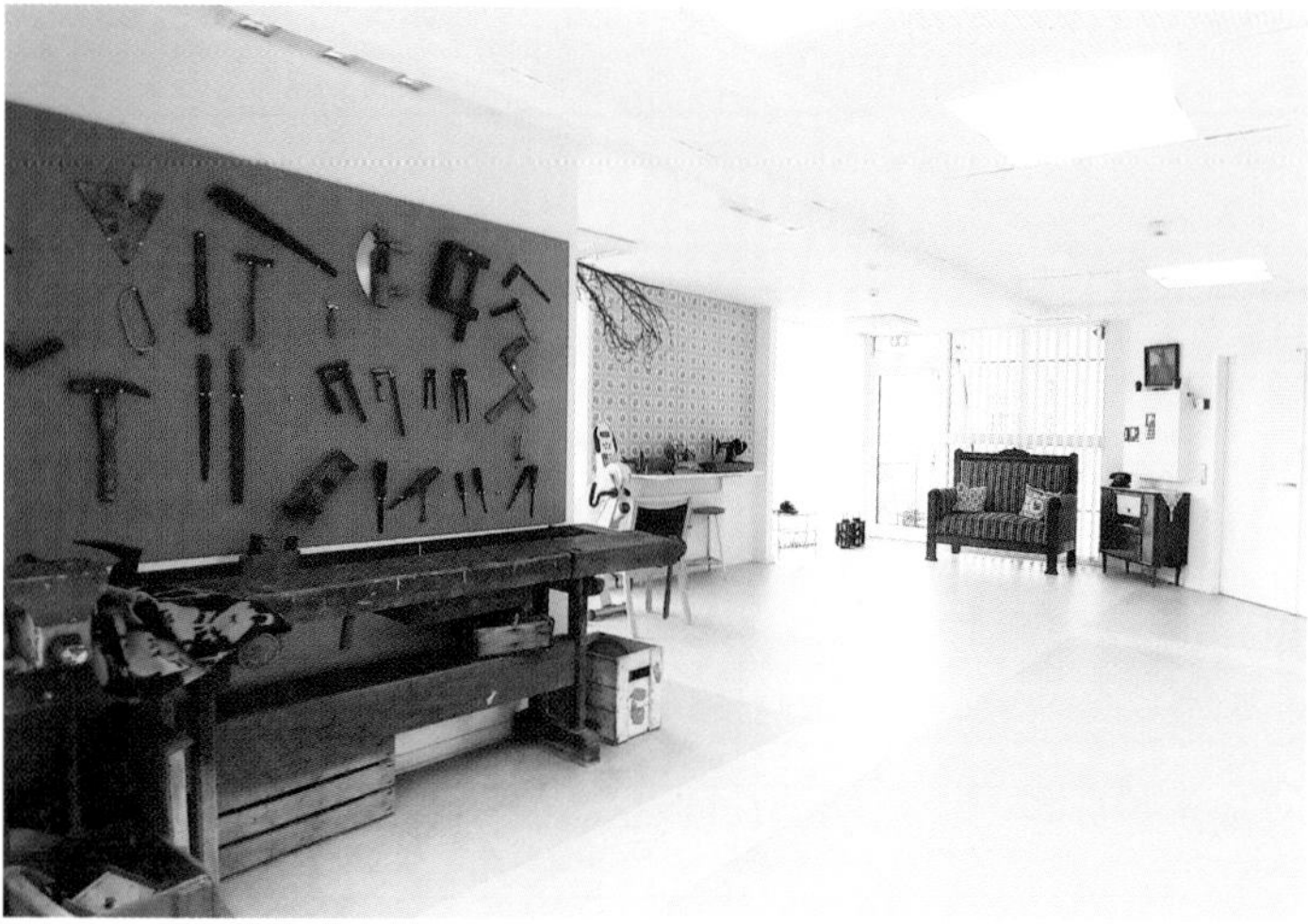

写真 18　レトロ家具や道具が展示されているナーシングホームのエントランスホール（デンマーク）

写真 19　ハンドバッグが掛けられた高級ナーシングホームの廊下（ドイツ）

■ 認知症の症状に配慮したレミニセンスデザインの仕掛け

認知症の症状のひとつに「失見当識」がある（17頁参照）。認知症高齢者が居住する老人ホームなどでは、同様の風景が連続する傾向にあるため、入居者による「迷い行動」の誘発にもつながる。

デンマークにあるナーシングホームのいくつかの廊下部分には、「映画」や「スポーツ」といったテーマ別に分けられた「なつかしい物」が壁面にレイアウトされている（**写真20**）。これらは「場所の違い」を示すサインの役割も果たしている。

ドイツのナーシングホームでは、廊下に連続する各居室扉から自室を見分けるため、扉の横に表札代わりに「レミニセンスボックス」が飾られている（**写真21**）。レミニセンスボックスの中には入居者にとって最も思い出深い頃の自身の写真や家族の写真、職場の写真など、いわゆるライフヒストリー[注6]（個人史）をビジュアル化したものが入っている。認知症者の中には現在の自身の顔写真を見ても「自分」と認識できないが、若い頃の写真では「自分」と認識できる人がいる。認知症の症状のひとつに「逆行性喪失」がある。新しい記憶から遡り記憶が失われ、例えば30歳代以降の記憶が喪失されれば、その人は現在「自分は30歳代」と認識する。認知症特有の症状を理解し、それを逆手にレミニセンスデザインを導入した好例といえる。

注6　ライフヒストリー
研究方法のひとつ。生活史、個人史ともいわれる。個人の生い立ちや、生活の過去から現在に至るまでの記録をいう。

写真 20　テーマ別になつかしい物が展示されているナーシングホームの廊下（デンマーク）

写真 21　個室入口に掛けられたレミニセンスボックス。ライフヒストリー（個人史）をビジュアル化し表札代わりにしている。（ドイツ）

⑤ カームダウンデザイン

■ カームダウンコーナーの設置

カームダウンとは、気持ちを落ち着かせること、あるいは気を静めることをいう。例えば自閉症者の多くは、大勢人がいる、騒々しい、温度や湿度が高いなどの場所が苦手であり、その状況が続くと「大声で泣き叫ぶ」などのパニックになることがある（36頁参照）。パニックが生じた際には、「特に声をかけず、静かなところで、1人または2人で黙って15～20分ほどすると落ち着くことが分かっている」とされており、そのための場の提供が公共施設などで求められている。

近年、成田や羽田などの空港を中心に「カームダウン・クールダウンスペース」が設けられている（**写真22、図**）。その設置理由として「空港が非日常的な空間」であるためであり、「慣れない移動や、さまざまな人や音、光、においなどの混在により不安やストレスを感じて困っている、発達障害など見た目に分からない障害のある人たちの移動と安心の連続性を担保する」ことが目的とされている。

写真 22　成田空港第 3 ターミナル国際線に設置されているカームダウン・クールダウンスペース（提供：（公財）交通エコロジー・モビリティ財団）

図　カームダウン・クールダウンの標準案内用図記号（ピクトグラム）
2020 年 5 月に JIS Z8210（案内用図記号）に追加された。
（提供：（公財）交通エコロジー・モビリティ財団）

■共同生活を要する施設のカームダウンデザイン

オランダにある知的・身体障害者のためのグループホームは、各フロア8、9人でグループ生活を送っている。この施設では個室となる各居室とリビングダイニング等の共用空間との緩衝的空間として廊下を位置づけている。そのためその廊下にはソファが置かれたタイプと、車いす利用者のためのカウンターが置かれたタイプの2種類のカームダウンコーナーが設けられている（**写真23**）。居室に戻ればまったくのひとりになれるが、この緩衝的空間である廊下は、時々、スタッフと会話を交わせる程度のひとりの時間を提供している。

長期の入院生活が必要な病院もまた、共同生活を要する施設といえる。オランダにあるこども病院には、重い病気のため長期入院を余儀なくされている0歳から18歳までの未成年が入院生活を送っている。入院中のこどもとその家族は精神的に弱っているため、そのサポートに注力されているが、過ごす環境も同様にさまざまな配慮がなされている。各病棟の

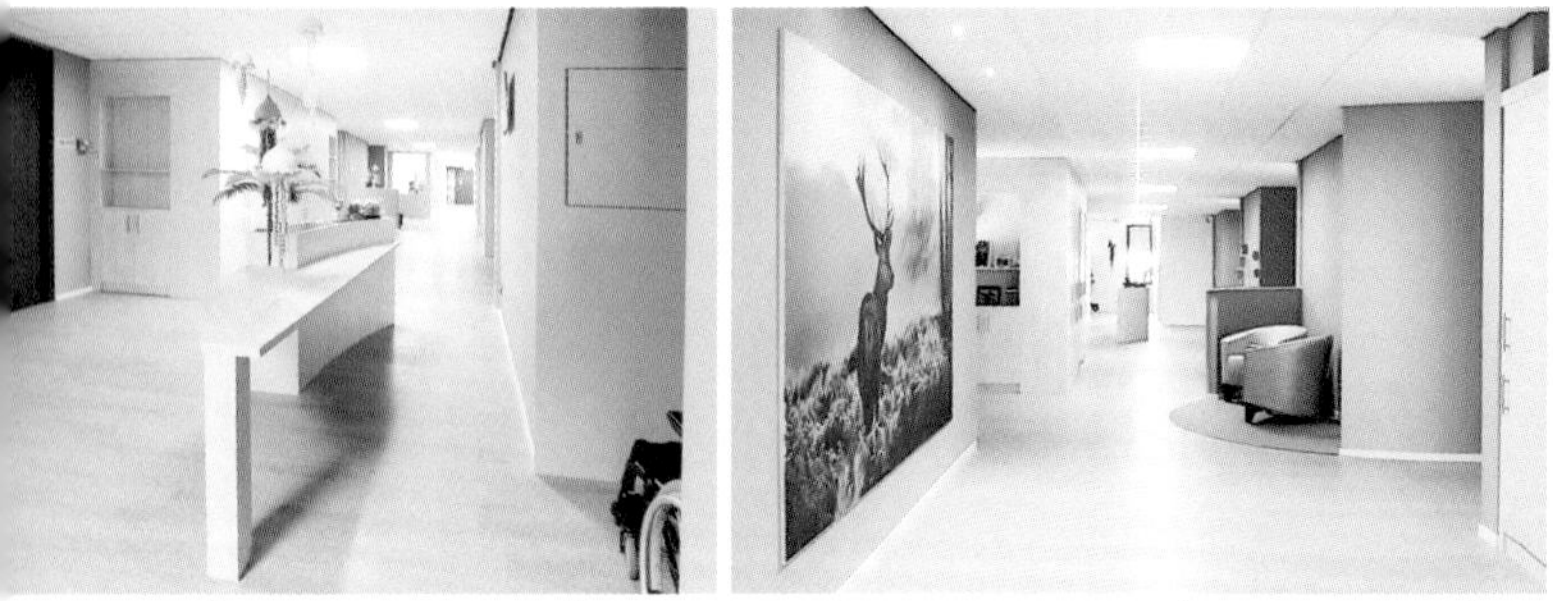

写真23　緩衝的空間として位置づけられている廊下に設けられたカームダウンコーナー。左は車いす利用者用（オランダ）

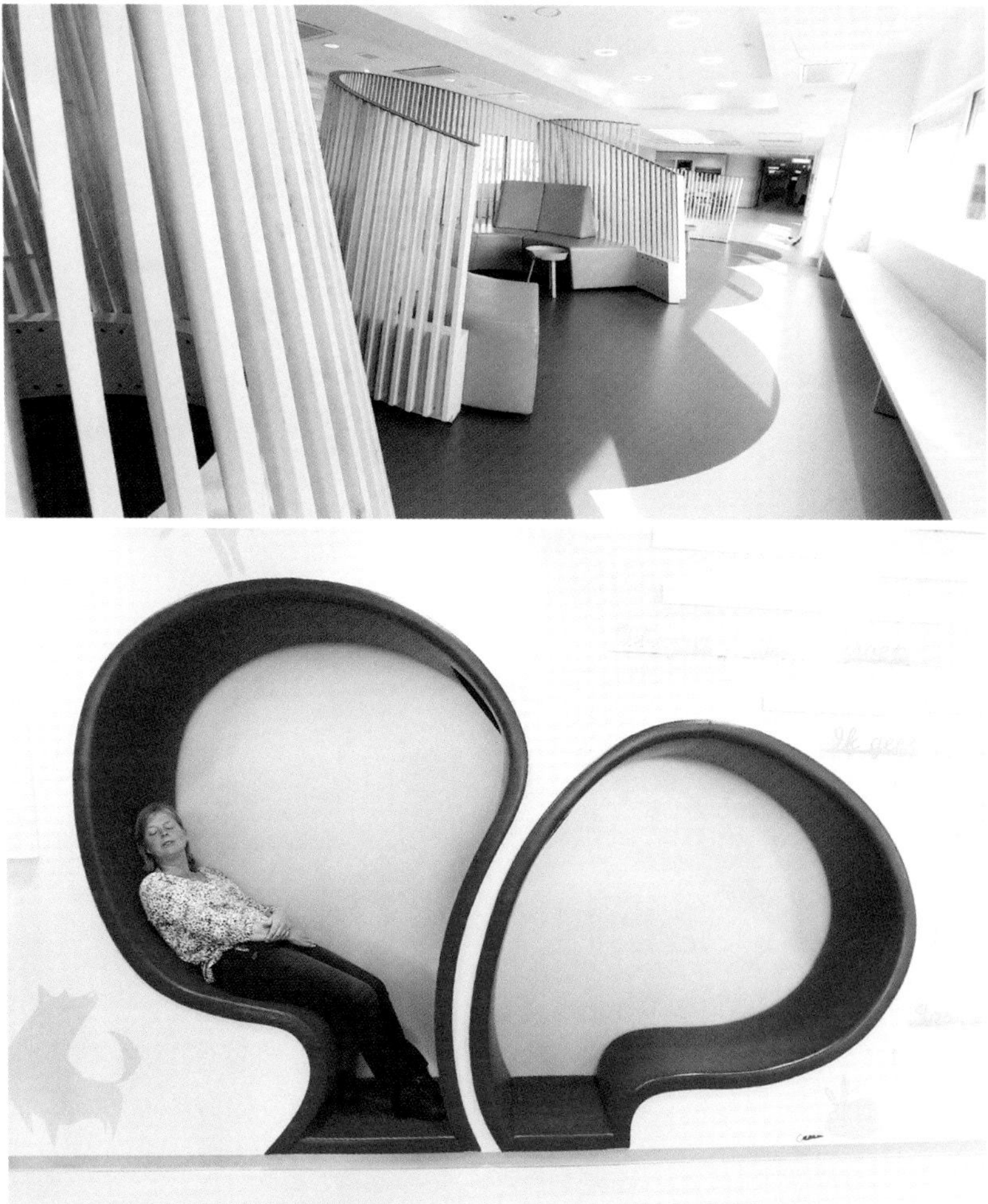

写真 24　こども病院にある「ひとりになりたい時」の場所（オランダ）

共用空間には遊び場が設けられているが、その一角にはカームダウンコーナーもある（写真24）。気持ちの浮き沈みのあるこどももいるため、少しの時間、ひとりになりたい時、考え事をしたい時などのために用意されている。

■認知症高齢者にも必要なカームダウン

カームダウンの対象者は認知症者も含まれる。不安定な心理状態になった場合、誰かと一緒に、またはひとりで落ち着く場が必要になる。

老人ホーム等の高齢者居住施設の介護職員を対象に行った調査[文2]では、認知症の入居者が不穏状態[注7]になった際の落ち着いてもらう場所としては、テレビなどのある「デイルーム」が最も多く使われており、次いで「食事室」「スタッフルーム」と続く。落ち着いてもらう方法のために必要な環境として「まわりにあまり人がおらず、落ち着いてゆっくりお話ができる環境」と「まわりに人がいることで、気持ちをそらすことができる環境」と相反する意見がほぼ同数の回答を得ていることから、入居者ひとりひとり、対応方法が異なるのは言うまでもない。よって全ての認知

注7　**不穏状態**
行動が活発になり、ソワソワするなど落ち着きがない状態を指す。大声を出したり暴れたりする状態も含まれる。

文2　老田智美、田中直人「認知症高齢者の帰宅欲求時に利用するカームダウン空間の考え方 - 認知症高齢者居住施設における周辺症状緩和につながるデザイン手法に関する研究 その２」日本福祉のまちづくり学会第20回全国大会概要集、２０１７・８

症者にとって有効な共通した形態のカームダウンデザインがあるわけではないことをここで断っておく。

■建物内に点在する「カームダウンコーナー」

デンマークやオランダで見た認知症高齢者が住むナーシングホームでは、さまざまなかたちでカームダウンコーナーが設けられている。

デンマークのある施設ではとてもシンプルに、廊下の突き当りの窓際の空間にベンチと小さなテーブルが置かれている（**写真25**）。

オランダの施設では、壁と壁の間の狭い空間にアンティークのいすが置かれている。すぐ目の前は壁であるが、そこには昔の掛け時計と電話機が描かれた壁紙が貼られ、ここだけ別の空間としてデザインされている。時には入居者同士がもめることもある。その際はお互い視線に入らないよう、一時的に視線が閉ざされたこの空間で時を過ごす（**写真26**）。

写真25　窓際にあるベンチとテーブル（デンマーク）

前出の調査で、入居者が不穏状態になった際、多くの施設では落ち着いてもらうためにお菓子やコーヒーなどを用意しており、そのため「カームダウンコーナー＝デイルーム」であることが多かった。オランダのある施設では、サブのキッチンルームの一角に、柱と腰壁で囲われたベンチスペースが設けられている。数人で「お茶」を楽しめるとともに、緩やかに囲われているため、カームダウンコーナーとしても使われている（**写真27**）。

カームダウンには他との視線をさえぎり、狭い空間が理想かもしれない。しかし、施設によってはそのような場所の確保が難しいところもあれば、あってもスタッフからの死角となり、カームダウンとしては利用したくないかもしれない。オランダの別の施設では、空間としてひろがりのある廊下のホール部分にカームダウンコーナーが設けられている。テラス風につくられたこのコーナーは、庇と柱、腰の高さまでの柵をつくることで、囲まれた領域を生み出している（**写真28**）。

写真 26　他の入居者の目線をさえぎることで落ち着いてもらうために用意された場所（オランダ）

写真 27　サブキッチンルーム内につくられたカームダウンコーナー（オランダ）

写真 28　テラス風のカームダウンコーナー（オランダ）

⑥ 感覚刺激デザイン

■ スヌーズレン

感覚刺激によるセラピー等の代表としてスヌーズレン[注8]がある。1970年代半ば、オランダで重度の知的障害のある人々のためのひとつのレクリエーション活動として始められた。その後、対象者は精神障害者や認知症高齢者をはじめ、健常の大人からこどもまでひろがり、今では高齢者施設や病院、ホスピス、幼稚園や学校などの施設にも設置されている。1980年以降からスヌーズレンは、EU諸国やアメリカ、日本へと伝わった。

スヌーズレンは視覚・聴覚・触覚・嗅覚といった感覚を刺激する機器などが用意された特別な部屋「スヌーズレンルーム」で実践される。感覚刺激に使用される機器はさまざまで、ミラーボールやバブルチューブ、光るファイバーグローなどが代表的に使われている（**写真29**）。更に心地よいBGMとアロマ、肌触りのよい場所に身を委ねて過ごせるようになっている（**写真30**）。

注8　スヌーズレン
Snoezelen という用語は、2つのオランダ語「Snuffelen（スヌッフェレン）鼻でクンクンにおいを嗅ぐ」と「Doezelen（ドゥズレン）ウトウト居眠りする」意味とに由来している。

写真 29　ミラーボール

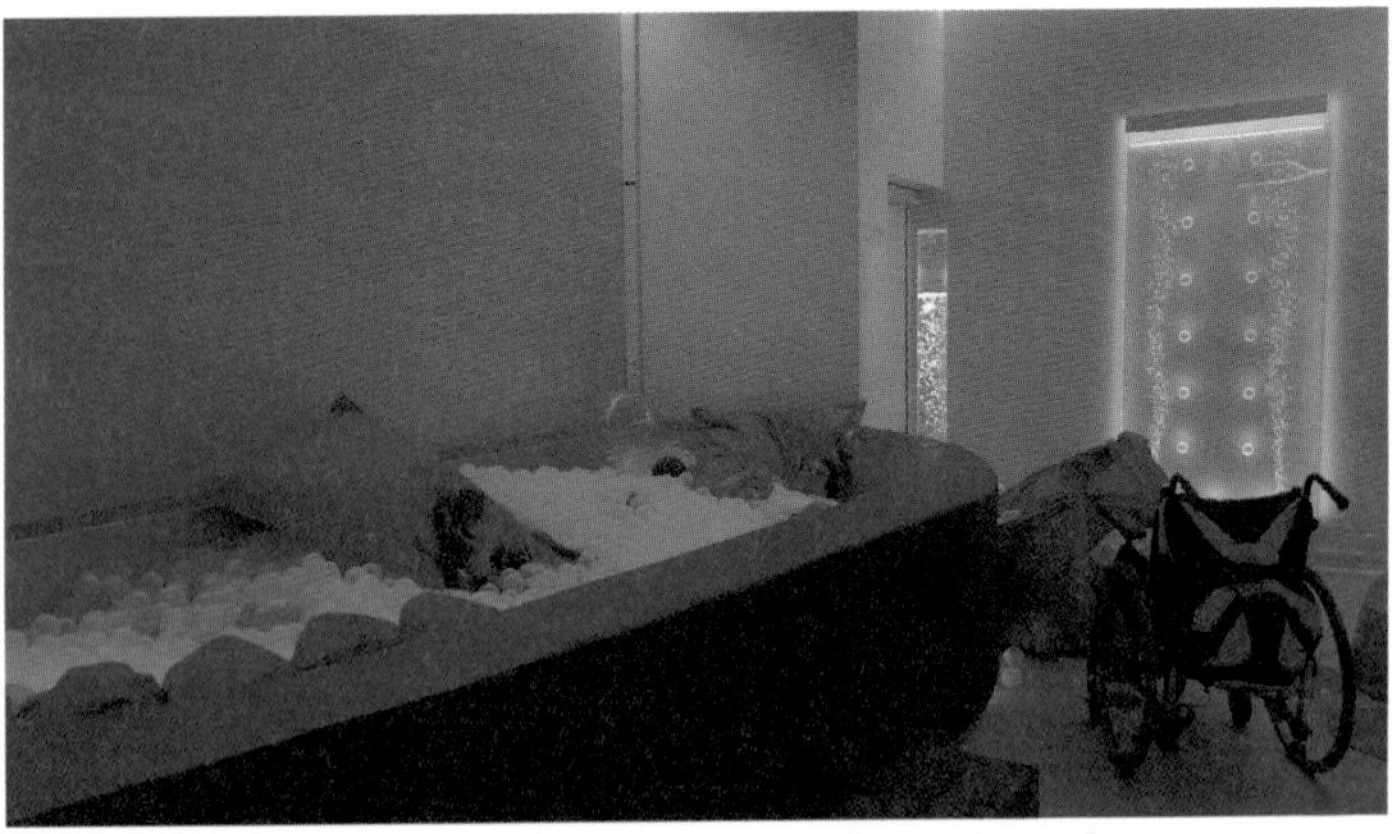

写真 30　介護者と一緒に楽しむボールプール（デンマーク）

認知症高齢者のためのスヌーズレン

オランダ・デンマークなどで訪れたナーシングホームの高齢者施設の多くにもスヌーズレンルームは設置されていた。その設備は障害者施設等に設置されているタイプよりも少しシンプルなものが目立つ。ウォーターベッドやソファ、光るファイバーグローなどがあり、ミラーボールなど目がチカチカするようなアイテムはあまり置かれていない。静かなBGMと共に照明が消され、代わりにチューブが優しい光を放つ中、肌触りのよい素材に包まれ、ゆったりとした時間が過ごせるよう配慮されている（**写真31**）。

専用の部屋でスヌーズレンを行っている施設ばかりではなく、中には別の用途の部屋でスヌーズレンに使用する感覚刺激アイテムを導入している例もある。オランダで「World Wide Snoezelen」を立ち上げた作業療法士兼スヌーズレントレーナーが関わったナーシ

写真 31　落ち着いた仕上げになっているナーシングホームのスヌーズレンルーム（左：デンマーク、右：ドイツ）

ングホームでは、機械式浴室をスヌーズレンルームにしている。認知症の入居者の中には機械浴槽に入るのを怖がる人もいるため、リラックスしてもらうためのバブルチューブや変化するＬＥＤ照明が設置されている。ボールプールをお風呂に変換したものといえる。壁の絵もまたカームダウンに役立っており、「昔住んでいた近所の風景に似ている」と感じる人や、中には、ボートを漕ぐ青年の絵に話しかける人もいるそうである（**写真32**）。

■感覚刺激を環境にちりばめる

「療法」としてのスヌーズレンを実践する専用ルームを持たない施設も存在する。しかしスヌーズレンに用いられる感覚刺激の要素を部分的に環境にちりばめ、導入する方法もある。この場合の感覚刺激はリラクゼーションアイテムのひとつとして用いられる。

入浴にはからだを清潔に保つだけでなく、リラックス効果が含まれているのは衆知の事実であり、そのため浴室をリラクゼーションの場として捉えている人も少なくない。そしてそれは介護が必要な人も同様である。オランダにある知的・身体障害者のためのグループホームの浴室にあ

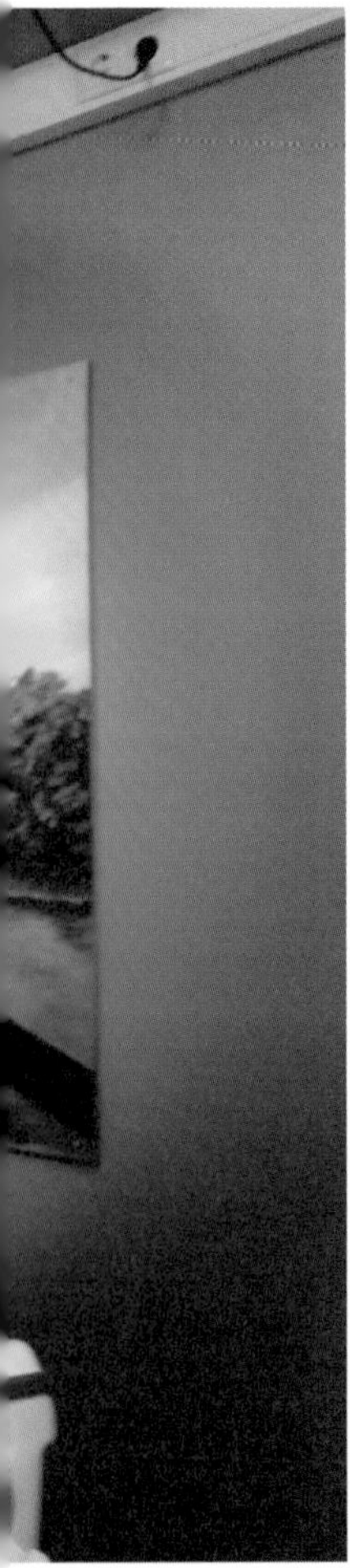

写真 32　スヌーズレンルーム化したナーシングホームのバスルーム（オランダ）

る浴槽はジェットバスになっており、浴槽上部の天井部分には小さなLED照明が無数に付けられている。これは周囲が暗くなると星空を再現するためのものである（**写真33**）。

筆者がこれまで訪問した施設でよく見かけたタイプの機械式浴室のデザインを紹介する。それは機械浴槽のまわりにキャンドルやアロマが焚かれていたり、観葉植物などで環境演出がなされているもので（**写真34**）、リラックス効果を最大限引き出すための工夫が施されている。居住者はまるで高級なスパを利用しているようなラグジュアリーな気分に浸れるであろう。

前出の「World Wide Snoezelen」が関わる高齢者施設の中には、「ビーチ」を体感できる部屋が用意されている。この部屋には太陽光と同じ光を出す照明が設置され、足元には実際のビーチの砂が敷き詰められており、そこに並べられたいすに裸足になって座るようになっている。本物のビーチのきめ細かな砂を足で

写真33　天井のLED照明で星空を再現したバスルーム（オランダ）

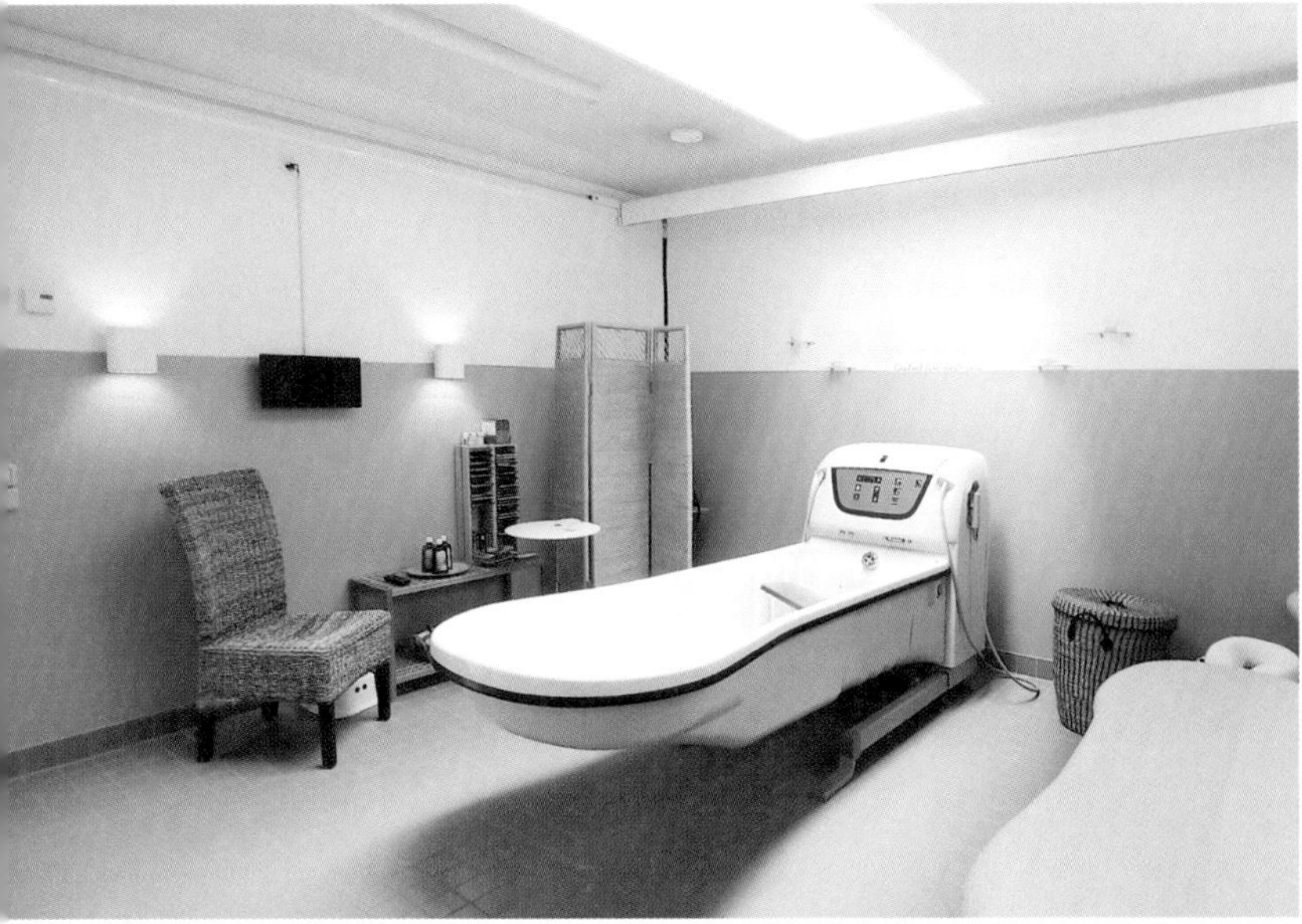

写真 34　アロマやキャンドルなどで空間演出されたナーシングホームのバスルーム
（上：デンマーク、下：スウェーデン）

感じてもらい、また外出や旅行がままならない認知症高齢者に非日常を感じてもらいながらリラックスできるようになっている（**写真35**）。

これまでいくつかの国内の認知症高齢者施設で観察調査等を行ってきたが、施設内をひとりで歩き回る人を度々見かけた。建物の両端にある窓の外を短時間眺めては行ったり来たりを繰り返す人や、廊下の途中にある自分が映る鏡に話しかけ、また歩き出す人、廊下沿いの全てのドアノブを触りながら歩く人など多様である。そんな中、調査の休憩中、廊下を歩きながらいろいろなものを無意識に手で触っている自分に気がついた。これは個人的な仮説であるが、廊下等を徘徊するのは、認知症の周辺症状による部分と人の本能的な部分が混在しながらの行動ではないだろうか。ここからは筆者の提案である。**写真36**はデンマークの視覚障害者センターの廊下の風景である。壁を伝いながら歩く視覚障害者の特性を活かし「ある場所」にいることを伝えるためにモフモフした素材が壁に掛けられている。施設内を徘徊する人のいる高齢者施設の廊下などに、手触り肌触りといった感覚刺激を得られるアイテムをちりばめることで、それらに触れること自体が徘徊する人にとって、施設内移動の目的に追加されるのではないだろうか。

写真 35　ナーシングホーム内に再現された「ビーチ」（オランダ）

写真 36　廊下の定位置の壁に掛けられている肌触りのよい素材（デンマーク）

⑦ 各種セラピーデザイン

■ 多様なセラピーを環境へ展開する「セラピーデザイン」

セラピーとは元々ギリシャ語の仲間同士という意味の「セレウポン」に由来するといわれ、身体的、精神的、情緒的不安定に対する治療や治癒をいう。また心理セラピーとは物理的また化学的手段に拠らず、精神障害や心身症の治療、心理的な問題、不適応な行動などの解決に寄与し、精神的な健康の回復、保持、増進をはかろうとするものである。

そして感覚刺激などを活用した、さまざまなセラピーが考案され実施されている。その種類は実に多様で、主に視覚を刺激するカラーセラピーやアートセラピー、聴覚を刺激する音楽セラピー、嗅覚を刺激するアロマセラピーなどをはじめ園芸セラピーやアニマルセラピーなどがある。

障害者施設や高齢者施設などにおいても、さまざまなセラピーが実践されている。一方で、筆者がこれまで訪問した施設の中には、セラピーをアクティビティとして一定時間行うだけでなく、日常的に触れることができるように環境デザインに展開している例も多い。

■ アートセラピーデザイン

アートセラピーは、精神的外傷や課題に直面する人々などが、芸術創作を治療的に使用する精神療法である。また、これに関連したホスピタルアートがある。病院などの医療環境や福祉施設などの介護環境にアートを取り入れることで、患者や要介護者はもとより、医療・福祉従事者にとってもより快適な癒やしの空間を生み出そうとする取組みである。

各セクションのロゴから展開したデザイン

オランダにあるこども病院では、まず「スタッフルーム」や「乳児のセクション」など、各病棟を示すロゴがつくられた（**写真37**）。ロゴは全部で8つある。そしてそれらのロゴに合うようアーティストがホスピタルアートのデザインを行ったとのこと。今までの病院のイメージではないので、こどもたちはここへ来て喜ぶそうである。

廊下の壁や廊下と部屋を間仕切るガラス面に

写真 37　病院のセクションごとにデザインされたロゴ（オランダ）

は各セクションのテーマに沿ったアートが展開している。その中にはロゴが隠れており、それを探し出すのもこどもたちの楽しみのひとつになっている（**写真38**）。

「可変性」を前提としたアート

デンマーク・ニュボーにある認知症高齢者が住むナーシングホームの廊下には大きな写真が掛けられている。テーマは「こども」。この写真は居住者から笑顔を引き出すことができるそうである（**写真39**）。元々は地元の有名なニュボー城の絵を飾っていたが、町の歴史を忘れている人から見れば「牢屋」のように見えたようである。

認知症になると、物の見え方が健常者とは異なり、集中してきちんと見ることができなくなるという。絵を大きくすることで、集中して見ることができるそうであるが、写真や絵が額縁に入っている場合、一度掛けると取り外しが大変である。そこで写真をスクリーンに印刷したことで、別の写真や絵に変更する際も、女性2人で簡単に取り外すことができ、かつ、畳んで倉庫に保管することができる。

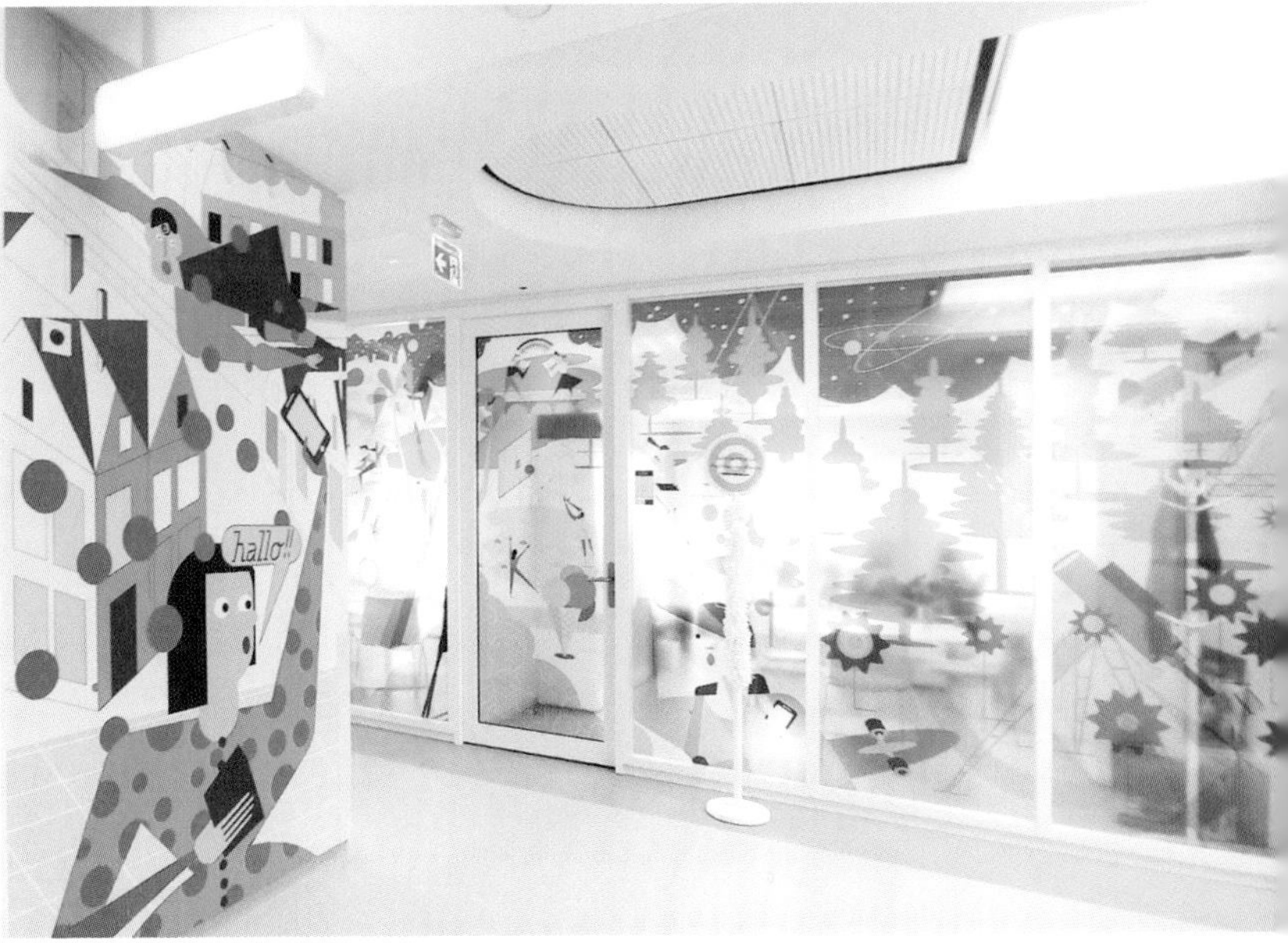

写真 38　アートがひろがる廊下（オランダ）

写真 39　廊下に掛けられた赤ちゃんとおじいさんの巨大写真（デンマーク）

平面と立体の融合

オランダ・ロッテルダムにある認知症高齢者が住むナーシングホームの廊下の壁には一面、オランダの原風景の絵が描かれている。そして平面的な絵とともに立体的なものが配置されている。例えば海の風景のそばにはカモメのオブジェが、公園の風景のそばにはベンチが、お店屋さんの絵のそばにはレトロ看板が配置されている（**写真40**）。廊下は屋外として街並みに見立てられている。入居者は自分の家（個室）の近所（廊下）を楽しく散歩できる仕掛けである。

個室にもアートの世界

ホスピタルアートなどのアートデザインは、施設の共用部分だけのものではない。ナーシングホームでいえば「自分の家」である個室もまたその対象となり、かつ、自分の好み通りの環境にすることができる。

個室内の家具などは全て以前住んでいた家から持ち込まれるのが基本であるオランダやデンマークの施設では、当然、以前飾られていた絵や家族写真も同様に個室に飾られる（**写真41**）。個室は額縁を掛けるため、壁に穴をあけることは当たり前のことと考えられている。

写真40　壁面イラストとベンチで再現された公園の一角や、オランダの原風景の絵などで街並みに見立てた廊下（オランダ）

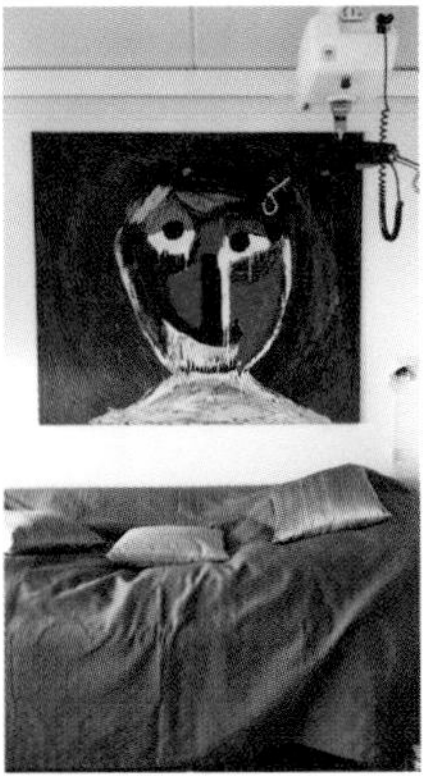

写真41　入居者が思いのままに絵画を飾っている個室（デンマーク）

■園芸セラピーデザイン

園芸療法（セラピー）は、自然や植物の心地よい刺激を活用したストレスの軽減や、植物を育てること、植物を用いた創造活動により身体・精神・知能・社会的によい効果をもたらすとともに、損なわれた機能を回復することを目的としている。

現在、園芸セラピーは、知的、精神、身体に障害のある人や、高齢者、更には更正を必要とする人などを対象に、施設や病院でも取り入れられている。

クラインガルテンの再現

クラインガルテンはドイツ発祥の「滞在型市民農園」であり、ヨーロッパでは一般的に定着している。筆者がこれまで訪れたナーシングホームで広い庭を持つ場所であれば、クラインガルテンを再現したような一角を見ることができた。そしてそれは、「療法」というよりは「これまで生活の一部であったこと」を引き続き行っているようである。車いす利用者も多い施設では、花壇は基本的にレイズドベッド[注9]になり、どのような身体状況でも園芸を楽しめるようになっている（**写真42、43**）。

写真42　ビニールハウスの中に設置されたレイズドベッドの菜園（オランダ）

注9　レイズドベッド
「立上げ花壇」のことであり、足元部分に空間をつくると、車いすに乗った状態でも園芸を楽しむことができる。

グリーンインテリア

オランダのナーシングホームにあるアクティビティルームでは園芸セラピーが行われている。入居者が育てている鉢に入った植物は、特別につくられた専用の棚に並べられている。そしてそれは「見せる収納」をしながら「壁面緑化」を意識したインテリアデザインがなされている（**写真44**）。

同じ施設の認知症者用の居住エリアは「中庭」を中心に各個室が囲うように配置されている。この「中庭」にはトップライトのある吹抜け空間を活かしたシンボルツリーが植えられ、それを囲うようにベンチやテーブルが配置され、入居者は思い思いの時間を過ごしている（**写真45**）。実はこの「中庭」は数年前に改装されたものであり、以前は今以上にグリーンを多用した場になっていた（**写真46**）。

いずれも自由な外出が困難な入居者に対し、中庭で過ごしている感覚が味わえるよう、インテリアの中に植物を愛でる仕掛けがなされている事例である。

写真 44　壁面緑化風に並べられた鉢植え（オランダ）

写真 43　散策路内に設置された花壇（オランダ）

写真 45　シンボルツリーを中心に配置されたベンチやテーブル（オランダ）

写真46　写真45の吹抜け空間の改装前の様子（オランダ）

■ アニマルセラピー

アニマルセラピーは、動物と触れ合うことでストレスの緩和や精神的な落ち着きなど癒やしの効果・活動性の向上を促すことを目的としている。

日本の高齢者施設では「動物介在療法[注10]」としてセラピードッグと入居者が触れ合う場が設けられている。普段ほとんど自発性が見られない人でも、セラピードッグを前にすると興味を持ち、積極的に犬を撫でる、触る、抱くなどの自発的な行動が促されることが期待されている[文3]。

筆者がこれまで訪れたデンマークやオランダの広い敷地を持つ高齢者施設の場合、庭の散策路の一角で動物が飼育されていることが多い。例えば、入居者に散歩を促す時など「〇〇に会いに行こう」と飼っている動物の名前を職員が言いやすいため、散歩コ

注10　動物介在療法
医療従事者が治療の補助として、犬や馬などの伴侶動物の力を借りて実施する療法

文3　公益社団法人長寿科学振興財団「健康長寿ネット」

写真47　敷地の広いナーシングホームの庭に配置されている動物の飼育エリア（オランダ）

ースの目的地のひとつとして設定されている。その場合、鳥小屋やウサギ小屋で飼われており、小屋の前のベンチに座って愛でるタイプもあれば、ふれあい動物園のように柵の中に入って動物を撫でることができるタイプもある（**写真47**）。

個人が飼育するニワトリ

デンマークの軽度認知症者向けのテラスハウス型高齢者住宅に住む男性は個人でニワトリを飼育している。テラスハウスの前にひろがる庭にはニワトリのための大きな小屋が設置されており、餌場になっている（**写真48**）。ニワトリは昼間は小屋の外の庭を自由に動きまわっているためか、とても人になついている。他の軽度認知症の住人にとってもかわいいペットとなっている。ニワトリを飼っている男性は、日々世話をすることで責任感を持ち身体を動かし、心身共に安定した生活を送っているそうである。

写真48　入居者が飼育するニワトリが放し飼いされているテラスハウス型高齢者住宅の庭（デンマーク）

鳥を愛でるインテリアデザイン

デンマークのあるナーシングホームには、中庭に面したラウンジがある。その環境を利用し中庭側の一部の壁一面が鳥小屋になっている（**写真49**）。この中の鳥は施設が飼っている鳥ではない。外を飛んでいる鳥が自由に出入りできる構造になっている。鳥小屋のガラス面に貼られている鳥のシルエットは、鳥に対する衝突防止シールであるが、ここで過ごす入居者にとっての衝突防止でもある。

ここで入居者たちがお茶を楽しむと、それはまるで日本の「鳥カフェ」のようになる。鳥小屋を壁の一部にし「鳥を愛でる」行為をインテリアデザインに展開している事例である。

写真 49　「鳥カフェ」のようなナーシングホームのラウンジ（デンマーク）

COLUMN

非日常体験としての感覚刺激

本章で紹介した「スヌーズレン」は、感覚を刺激するアクティビティとして、日本では特に障害のあるこどものための療育施設等で導入されている。一方、同じく感覚を刺激するアクティビティとして、近年、デジタルアートを活用した「体験型」「劇場型」のミュージアムやアクアリウムなどが登場している。そこで見られる景色は、現実世界には存在しないため、今までに経験したことのない「刺激」となり楽しむことができる。これら2つは「デジタルデバイスを使用しているか否か」の違いはあるが、誰もが持ち合わせる「感覚」を刺激することで得る「楽しさ」は同じであり、そのような非日常的な刺激を求めるのも身体状況の違いにかかわらず同じであるといえる。

私たちはコロナ禍で、自由に外出できない辛さを体験した。人は日常と非日常がバランスよく交差するメリハリある生活が必要であることを改めて知らされた。だからこそ加齢や障害等により自由な行動が制限される方々が暮らす場において、「日常生活の中の『ときどき』の『刺激』」を享受できる環境は必要なのである。スヌーズレンのような非日常的な刺激が体験できる場は、もっと一般的に広まることが望まれる。

映像の中で楽しむ人たち

スヌーズレンルームでもカラフルなLEDライトやミラーボールの光が部屋中に映し出される。それを楽しむ利用者の姿は、写真の人たちと同じである（チームラボ）。

COLUMN

地域に息づく昔話の世界観がまちの環境をつくる ——アンデルセンの物語

ハンス・クリスチャン・アンデルセンは、デンマークが生んだ世界的な童話作家である。彼の作品は国を問わず老若男女の心を揺さぶり、心を癒やす物語である。首都コペンハーゲンの市役所前にあるアンデルセンの彫像や港湾入口の人魚姫の像を訪れる市民や観光客は絶えず、記念すべき絶好のカメラスポットとなっている。生家のあるオーデンセではアンデルセンの人物紹介や社会背景、作品などを幅広く展示する博物館で彼の童話の世界を体感することができる。幼少時代の家では貧しかった生活の様子を知ることができ、作品の「マッチ売りの少女」や「みにくいアヒルの子」の世界観がうかがい知れる。自然豊かで歴史的な景観を呈しているオーデンセの街中に、童話をモチーフに設置された多くの彫像を探しながら街歩きを楽しむことができる。

アンデルセンに限らず、その地域にゆかりのある人物や昔話に秘められた物語にちなんだアートを地域に展開することで、街の環境が心を癒やすことにつながる環境デザインの手法のひとつとして着目したい。

アンデルセンの像

人魚姫の像

COLUMN

誰もが楽しめる居心地のよい夢の国
――チボリ公園

チボリ公園にはコペンハーゲンっ子の心のふるさとがいっぱい詰まっている。「公園」というよりは歴史ある「遊園地」と言う方がいいかもしれない。あのディズニーランドを建設する際にウォルト・ディズニーが参考にしたといわれ、日本の遊園地のメッカといえる宝塚ファミリーランドの創設者小林一三が寄贈したという石灯籠も園内にある。

コペンハーゲン中央駅前３分という、世界に例のない超都心型の立地である。からだが不自由な利用者にも優しく配慮されたバリアフリー環境としてアクセシビリティもよく、歩くだけで世界旅行気分が味わえ、メルヘン世界を体感できる。最先端のアトラクションとレトロが共存する公園では、若者だけではなく高齢者も自らのこども時代を想起し、大切な人とゆったりとした食事や観劇、コンサートなどを楽しむことができる。ほっとするなつかしい風景やサービスの提供があり、高齢者のカップルにとっても居心地のよいスポットである。園内の階段の手すりは衛兵さんをモチーフにした優しく親しみやすいデザインとなっている。

階段手すり

北欧の限られた夏季の開園期間を楽しむために多くの人々が訪れる。この公園は、大規模なキャラクターや映画の体現を追求したディズニーランドやユニバーサル・スタジオにはないアットホームなスケール感やぬくもりを感じ、癒やされることが最大の魅力であろう。

3章

デンマーク・オランダのナーシングホームの試み

1 地下空間に出現した「商店街」

■ ピレフセット認知症センター（デンマーク）

コペンハーゲン郊外に位置するこの施設は、2000年にオープンした市営のナーシングホームである（**写真1**）。この施設はデイケアセンターが併設された認知症高齢者棟と、健常高齢者棟、そしてハンチントン病者棟[注1]の3つに分かれている。ハンチントン病に対応している施設があるのはめずらしく、デンマーク国内では3カ所のみであり、うち、この施設のあるシェラン島ではここだけとのことである。

この施設には126人（取材当時）が生活しており、そのほとんどが認知症である。そのため建物内をはじめ中庭などの屋外空間には、認知症者にとって有効と思われる環境を介したセラピーが実践できるよう整備されている。

広い中庭には、嗅覚を刺激する実のなる樹木や草花が中心

注1　ハンチントン病
自分の意思とは別に無意識に手足や顔が動く等の症状のある進行性の神経疾患。

写真1　施設の外観

に植えられている。併せて聴覚を刺激する音を奏でるオブジェが配置されている（**写真2**）。同じく中庭には、屋根付きのジェットバススパとその前後に利用するシャワールーム兼休憩スペースが完成間近の建設中であった。ジェットバススパには車いす利用者用のリフトが付く予定であり、シャワールームは専用の車いすに乗った状態で利用可能な仕様となっている。「ジェットバススパ」という非日常性を演出するため、このシャワールーム兼休憩スペースも南国風デザインの壁紙を使用するなど空間デザインが施されている（**写真3、4**）。

写真2　長さの異なる金属の筒をバチでたたくと、異なる音が出るオブジェ

写真3　中庭に設置されたジャグジースパ

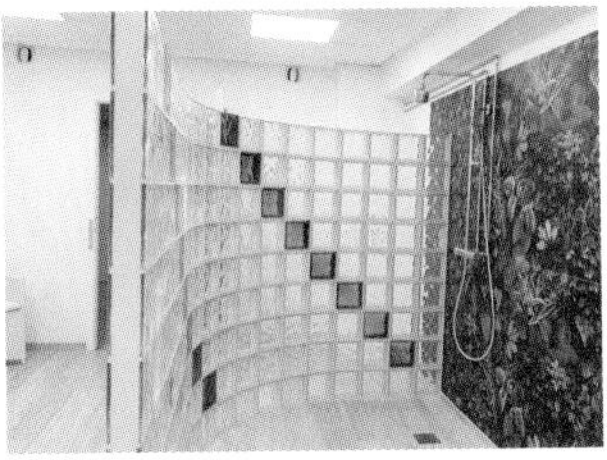

写真4　シャワールーム兼休憩スペース

写真５　地下にひろがる「商店街」

この施設で最も特徴的なのは地下空間である。ここにはまるで商店街のような景色がひろがっている（**写真5**）。敷地内の3つの棟をつなぐ地下空間は、元々は各棟で必要な備品を置く倉庫として使われていた。備品調達の際、気分転換とお手伝いを兼ね、職員と共に入居者も備品庫へ行くことがあったが、その状況を「ショッピングの疑似体験」に変化させたものである。自由な外出ができない入居者のため、商店が立ち並ぶ街並みが再現されている。

地下廊下の壁のペイントから始まり、各「お店」の内装デザイン、家具や調度品に至るまで、施設職員のアイデアと手づくりによるものである。「商店街」のデザインは、入居者世代がなつかしく感じるレトロなものが採用され、レトロ家具などは施設職員によりインターネットで探し購入されたものである（**写真6**）。

「商店街」には、食器などのテーブルウェアの雑貨店、チョコレートやキャンディーを置くスイーツショップ、キッチンで使用するコーヒーや香辛料のある食料品店、お肉やチーズをカットするミートショップ、薬局などの他に、午前と午後の2回オープンするバーとレストラン、入居者やその家族が読んだ本や古服などを置くリサイクルショップがある。また入居者たちは年に1度旅行をするため、旅の計画を行うための旅行社もある（**写真7**）。

写真6 「お店」ごとにイメージしやすいレトロ看板などが配置されている

① 雑貨店

② スイーツショップ

③ 食料品店

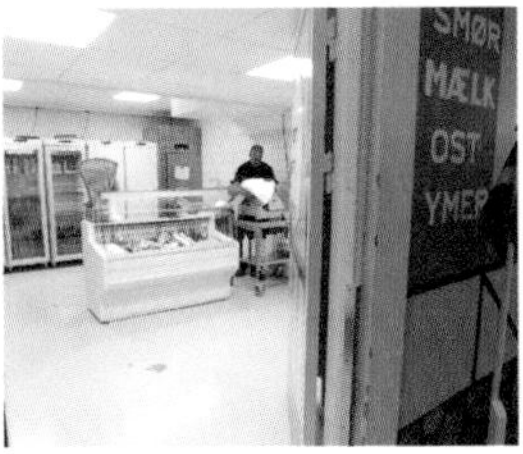

④ ミートショップ

⑤ 薬局

⑥ レストラン・バー

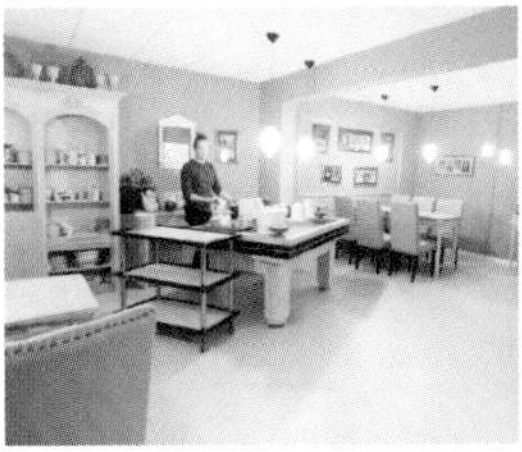

⑦ カフェ

⑧ リサイクルショップ

⑨ 旅行社

写真7　地下商店街にある主な「お店」

「商店街」は1日1時間だけ、毎日11～12時の間営業している。とはいえ、好きなものを買い物するのではなく、職員と共に「必要な備品を取りに来る」という日常業務を行う場である。ただしその間、職員が店員のようにしているため、ショッピングの疑似体験ができる。食べ物を扱うお店では全て試食ができる。入居者の中にはそれぞれのお店のにおいで場所を記憶している人もいるという。「次はどのお店に行こうか……」という入居者の欲求を引き出すことにも成功している。

2 中庭で世代間のコミュニティをつなぐ

■ハンゼヒールド・ブリンクホーフェン（オランダ）

オランダのヘールデにあるこの施設は、重度から軽度の認知症者と非認知症者が一緒に生活するオランダ国内でも珍しい高齢者住宅である。1975年に建てられた地下1階、地上2階建ての古い建物であるが、数年前に内部空間は改装された（**写真8、9**）。

改装の目的は「入居者のよりよい生活の実現」である。これまで一般的認識として、認知症になると家では生活できず病院のような施設に入所するという考えがあったが、最近では認知症になっても生活できる「別の家」へ引っ越す考えに変わったという。この考えについては国（オランダ）も同様に、「施設に入って認知症を『治療する』」のではなく、終の棲家で『余生を楽しむ』」に方向転換をしている。また施設の改装をきっかけに、職員は家から職場へ働きに行くという考えではなく、家（ハウス）から家（ホーム）へ行く考えに変わったという。

写真8　施設の外観

写真9　施設の内観

「入居者にとってこの施設が『自分の家』であり『終の棲家』である。」これが1つ目のコンセプトであり、これを具現化するためのデザインがなされている。エレベーターホールと個室エリアをつなぐ廊下は「屋外」である。廊下の壁は「レンガづくりの家の外壁」であり、個室のドアまわりは「家の玄関」であるため、玄関灯とポスト、地番プレート（実際には部屋番号）が付けられている（**写真10、11**）。

各個室内のデザインはそこに住む人に影響を与えるものである。そのため色や観葉植物など、住む人の好きなものが取り入れられている。また前提となるのは「以前の家からの引っ越し先がこの家」であるため、個室内の家具などは全て以前住んでいた家から持ち込まれたものである（**写真12**）。この施設の入居者の多くは認知症者であり、環境が変わることで状態が変化する人も

写真10　公園内をイメージし植栽の写真が壁紙に使用されているエレベーターホール

写真11　「レンガづくりの家の壁」が再現されている個室エリアの廊下

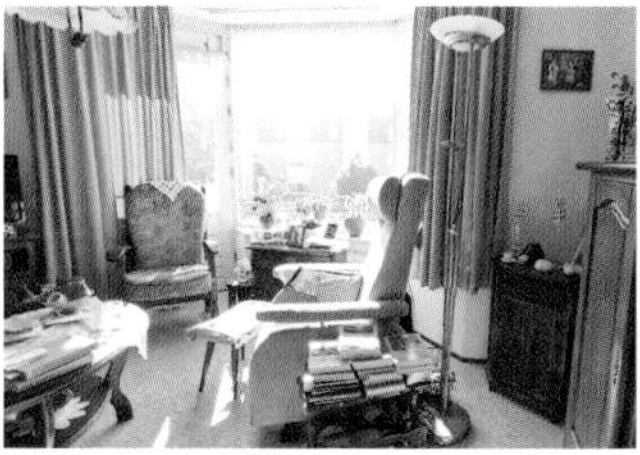

写真12　以前住んでいた家から持ち込まれた家具に囲まれた個室のインテリア

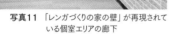

いる。住み慣れた環境を持続させることは認知症者にとって重要なことである。

2つ目のコンセプトは「ここへ来る（入居する）のに、ハードルを下げて、気軽に来ること（入居すること）ができる」である。その具現化として、外の雰囲気と内の雰囲気をミックスした施設づくりがなされている。それを象徴する場として、入居者全員が集えるレストランとそこに隣接する広い庭がある。

この施設には入居者が生活する居住ユニットの共用ダイニングとは別に、独自の厨房を持つ大きなレストランがある。レストランからは隣接する庭が見えるとともに、直接庭に出ることができ、テラス席も設けられている（**写真13**）。

レストランから見えるこの庭には、さまざまな遊具が設置されている。入居者にとってこれらの遊具を使うことはセラピーのひとつとして考えられており、セラピスト付き添いのもと、からだを動かしている（**写真14**）。この庭は施設のものではあるが、入居者専用ではない。近隣のこどもたちも自由に遊びにくることを前提に計画されている。そのため庭の周囲には柵が設けられてい

写真14　近隣のこどもたちも遊びにくる遊具のある庭

ない。近隣のこども（外部の人）も自由に施設の領域に入れる仕掛けもまた「外と内のミックス」の具現化といえる。

「孫が会いに来てくれた時、孫は庭の遊具で遊び、入居者は孫が元気に遊んでいる様子を見てレストランからお茶をしながら楽しんでいる」、そんな過ごし方を空間で提案している例である。

写真13　広い庭（上）に面した施設内のレストラン（下）

3 施設居住を意識させない中庭で街並み再現

■ リートフェルト・アクティビティ（オランダ）

オランダ・ライデンの郊外に位置するこの施設は、認知症高齢者のためのグループハウスである。敷地境界線に沿うかたちに建物を配置することで、広い中庭を創出しているこの施設は、建物と敷地外へとつながる出入口は管理上1カ所のみとなる。その一方で広い中庭には「街並み」が形成され、内向きに開かれた空間構成になっている（**写真15**）。入居者全員が認知症であるため、生活のリズムが失われがちなことに配慮し、中庭を自由に歩いてもらうことを前提に計画された。その手法は「認知症村」で有名なホグウェイ[注2]を参考にしている（**注2写真**）。

この施設には1グループ8人で構成された小規模のグループハウスが19戸用意されているが、全て独立した戸建て住宅のようにデザインされ、それぞれに玄関がある（**写真16**）。玄関は全て中

注2　ホグウェイ（Hogewey）
オランダ・アムステルダム郊外にある認知症高齢者専用のナーシングホーム。「認知症者が〝普通の日常〟をおくれる村」がコンセプトである。敷地内にはスーパーや映画館、レストランなど、生活に必要なものが全て揃ったひとつの村としてつくられ、重度の認知症者も自由に行動できる環境になっていることから、「認知症村」として世界中で紹介され話題となった。

敷地内にあるレストラン。
お酒も楽しめる。

庭に面しており、更には散歩用の小径や、ショッピングアーケード風の路地など、街の要素がちりばめられていることから、より「街並み」を感じることができる（**写真17〜19**）。

またこの施設は新興住宅地に立地している。周辺の景観に配慮し、外観は隣接する住宅と同様のデザイン要素を取り入れており、一見して高齢者施設とは分からないようになっている（**写真20**）。そのため、まるで新しい街へ引っ越してきたかのような感覚が味わえる。

写真15　中庭に形成された「街並み」

写真16　独立したグループハウスの玄関

写真17　街として演出されている番地表示

写真 19　ショッピングアーケード風の路地

写真18　黄色い手すりが誘導する散策用の小径

写真 20　周辺景観に配慮された施設の外観

この施設の唯一の出入口がある棟には、受付の他、各グループハウスのダイニングとは別に全員で食事が楽しめるレストランがある（**写真21**）。このレストランの中には可動間仕切りが設置され、大人数でも少人数でも食事が楽しめるよう配慮されているが、その壁紙には入居者の若かりし時代の街の風景写真が使われている（**写真22**）。この棟にはここ以外の壁にも部分的にこのようなレミニセンスデザインが導入されている。

この棟には受付からレストランへ続く途中に美容室とミニスーパーも街並みの一角のようにデザイン配置されている（**写真23**）。このミニスーパーの設置にはひとつの試みがあったという。認知症の症状のひとつに「逆行性喪失」[注3]がある。それにより、国内外問わず女性の場合、子育て世代の記憶に戻る人が多い。例えば夕方になると入居する施設の厨房から香る夕食のにおいがきっかけとなり、「夕飯の支度」のため買い物へ行こうとソワソワする人がいるという。もしもこの買い物へ行こうとする行動を制止（否定）したなら、女性は更に落ち着かなくなり不穏状態になる。系列の別の施設では、入居者が激しい不穏状態になった際には、「向精

写真 21 レストラン

写真 22 昔の街の風景写真がプリントされたレストランの間仕切り壁

神薬」の投与[注4]が行われていた。この施設では入居者の行動を否定しないためにミニスーパーが設けられた。ここで「夕食の材料」を購入（実際はおやつなど）した入居者は、目的が達成され平常心に戻ることから「向精神薬」の投与は行われていない（**写真24、25**）。

写真23　美容室とミニスーパー。「奥に何かありそう」と思ってもらえるよう、廊下はあえてカーブさせてある。

写真24　ミニスーパー

写真25　ミニスーパーで買い物を終えた女性

注3　逆行性喪失
現在の新しい記憶から遡り、過去のある時期までの間の記憶が失われること

注4　認知症者への向精神薬の投与
BPSDの出現により激しい不穏状態になった際、「落ち着いた生活ができる」「生活にゆとりができる」などを目的に向精神薬が投与される場合がある。

④

入居者と職員により検討された改修デザイン

■スワンダム・ナーシングセンター（デンマーク）

デンマーク・ニュボーに位置するこのナーシングホームは、48室ある3階建ての建物であり、ワンフロアに16室で構成されている（**写真26**）。施設は1970年代につくられており、当初は公共施設や共同住宅の廊下などのように、階ごとに異なる色がペイントされていたため、住宅ではなく公共施設としての印象が強かった（**写真27**）。数年前に改修され、「居心地がよい」「自分の家のような感覚」「自分の住まい（個室）を見つけやすい（迷わない）」などに重点を置いたデザインが導入されている。

まず「居心地がよい」環境の具現化として、壁の色や施設内の光環境について熟慮されている。各フロアの壁の色については、各フロアの入居者が選んでいる。この施設は3フロアあるが、偶然にも各フロア共に、同じような色が選択された（**写真28**）。光環境につ

写真26　施設の外観

いては、昼間は廊下の照明を明るくしているが、夕方から照度を落として少し暗くし、併せて各個室ドアの横に設置された玄関灯が灯される。認知症者にとって、昼・夜の切り替えは大変重要であるため、廊下が暗くなるにつれて、徐々に就寝の時間が近づいていることを示すようにされている。

認知症者の中には、自分の部屋が分からなくなる人もいる。各個室のドアは、以前は全て同じ白色であったが、改修にあたり戸建て住宅の玄関ドアの写真を貼ったことで、「自分の住まい（個室）を見つけやすい（迷わない）」ことに役立っている。現在の入居者には、ドアメーカーのカタログから好みのドアデザインを選んでもらい、印刷したものを貼っているが、これから新規

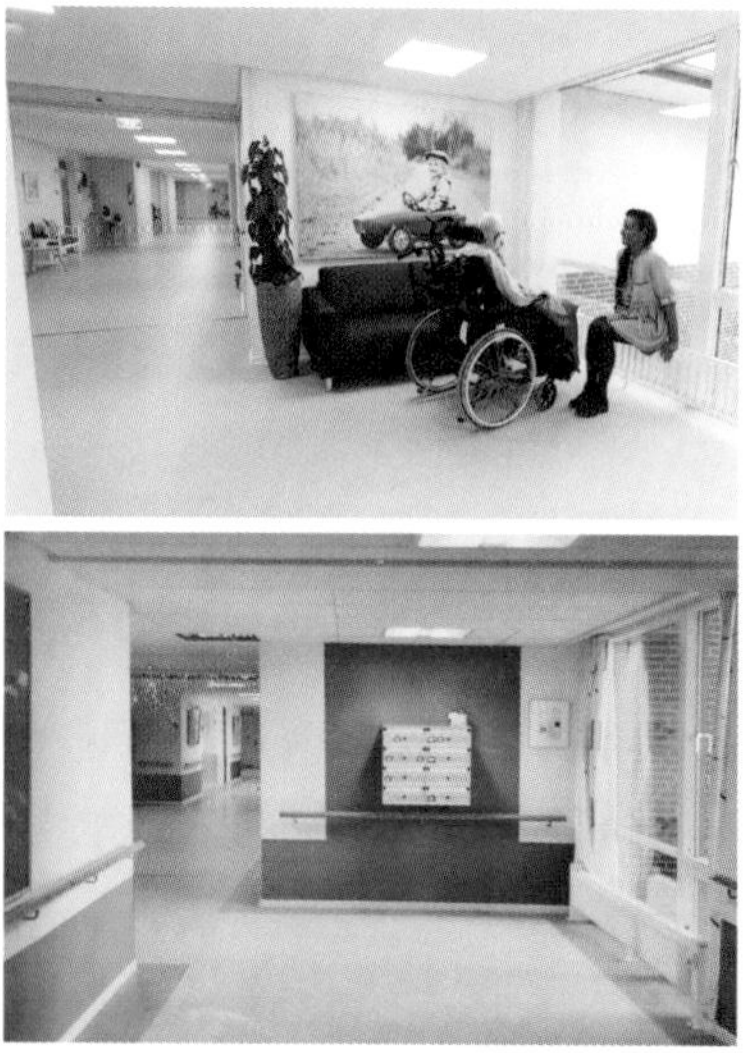

写真 27　改修後の廊下（上）と改修前の廊下（下）

写真 28　入居者の意見を反映した壁の色

写真 29 「自分の家」を演出した個室の入口まわりのデザイン

に入居する人には、現在住んでいる自宅のドアを写真に撮ってもらい、それを個室のドアに貼る予定であるとのこと。それによって「個室」を以前から住んでいる「自分の家」のような感覚にすることができる。

更に各個室の玄関ドアまわりには、番地プレートとポスト、玄関灯がセットで設置されており、「自分の家」を演出している（**写真29**）。居住者の中には一日何回もポストの中を確認する人がいるようで、本来は認知症者をだますようなことはいけないが、職員が時々ポストに手紙を入れるそうである。言い換えれば入居者は「自分の家」として認識しているといえる。

改修するにあたりダイニングやリビングなどのインテリアデザインやカラーコーディネートは、入居者の意見を取り入れながら職員によって行われた（**写真30、31**）。

そして改修したことにより大きく変化したことがある。それは職員の病欠の日数が減ったことだという。介護する職員にとっても、楽しく過ごすことができる環境になった。以前、ダイニングは1テーブル8人として2つの部屋に分かれて食べていたが、改修を機に

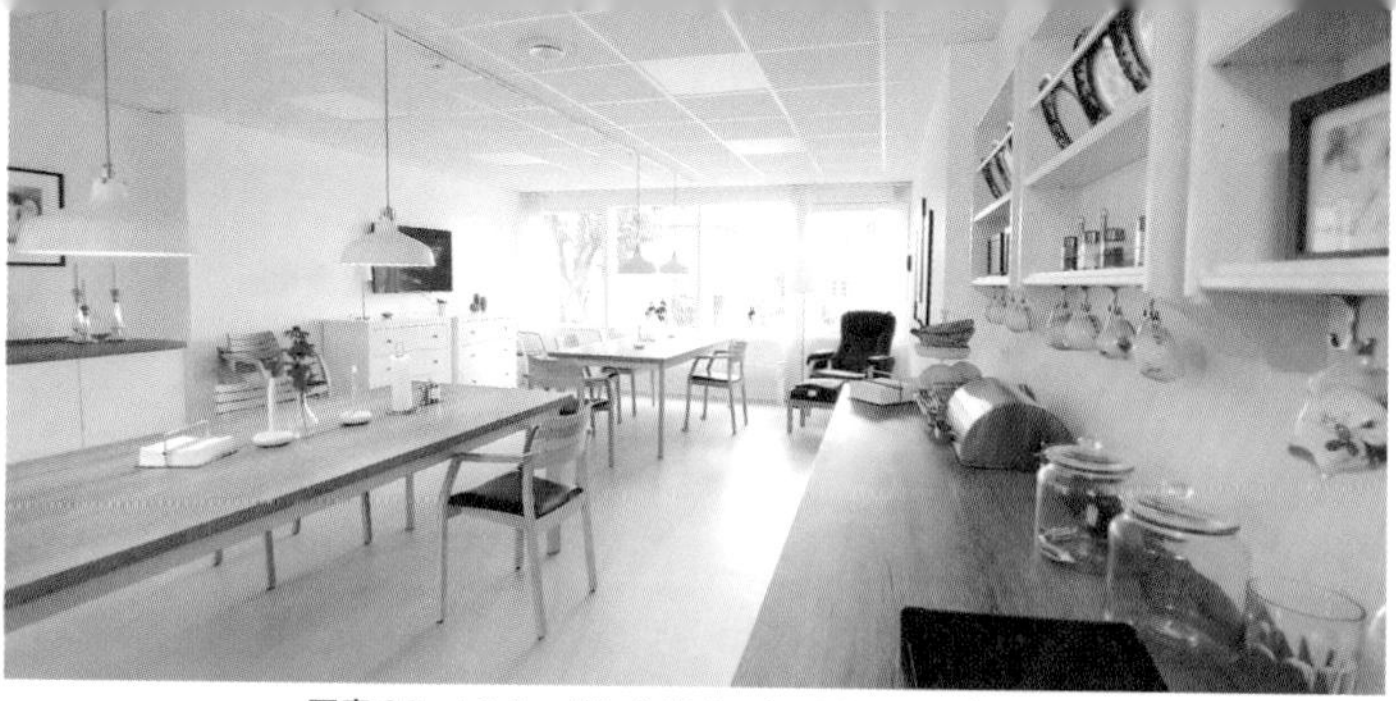

写真30　16人一緒に食事ができるようにしたダイニング

写真31　改修後、新しく追加されたリビング

16人が一緒に食べられるようにした。そして余ったもう1つの部屋をみんなで使える共有の場所にした。また各個室の玄関ドアまわりを「自分の家」として演出したことで、廊下部分が「住宅街の街並み」のような環境になった。その結果、職員と入居者があたかも屋外を散歩しているような雰囲気を味わえているという。これらの環境の変化により、スキンシップが取りやすくなったそうである。職員と入居者が一緒に考えた改修デザインは、双方の心の持ちようも変えることに成功している。

5 壁紙やガラスシートで疑似屋外環境をつくる

■ソナーハウス・ジュリアナ（オランダ）

オランダ・アムステルフェーンにあるこの施設は、病院に隣接したところに位置し、リハビリセンターと肢体不自由者の居住施設が併設された認知症高齢者用のナーシングホームである。1フロア2ユニットで構成されたこの施設には72名の認知症高齢者が居住している（**写真32**）。10年前にできたこの施設は、元々ユダヤ人の認知症者のための施設であった。ユダヤ教の食事規定では肉と牛乳を一緒に摂ってはいけないとされているため、肉用キッチンとミルク用キッチンとに分かれている。その名残として1フロアに4つのキッチンがある。

この施設の大きな特徴は壁や窓ガラスに絵画や風景のシートが貼られていることで環境をつくっていることである。建物の中央にガラス張りの階段室が設けられ、上部からは太陽光を取り入れ

写真32　施設の外観

られるようになっている（**写真33**）。そのためガラスで囲われた吹抜け空間になっており、ここを囲むように廊下や共用リビングなどが面している。しかし認知症高齢者にとっては、足元からのガラス張りは階下までが見えるため、恐怖を感じるものだった。そこで下まで見えないように植物等のシートを貼った。これが最初のきっかけとなっている（**写真34**）。

写真 33　施設の中心にある吹抜けの階段室

写真 34　下方が見えないよう植物のシートで目隠しされた階段室のガラス

比較的新しいこの建物は、サンルーフの階段室を中心にユニットを配置し、また太陽光を最大限活かすために白を基調とするなど、シンプルかつモダンなデザインでまとめられている。ただ認知症高齢者にとっては、白い壁が続く環境は居住空間として認識されなかったのかもしれない。その後、施設では「今まで住んでいた場所や風景に近い環境」にすることをコンセプトにシートを使った改装が行われた。

対象エリアは廊下である。廊下を歩いている入居者に「今は外を歩いている」ことを伝えるためのさまざまなデザインシートが貼られている。ユニット内の共用エリア沿いにある廊下は「公園」という位置づけで、植物や石像などのシートと共にベンチに見立てたソファが置かれている（**写真35**）。個室エリアの廊下は「住宅街」という位置づけで、バス停や住宅の庭の塀、家の窓から外を眺める女の子などのシートが貼られている（**写真36**）。そして各個室のドアには、戸建て住宅の玄関ドアのシートが貼られ、「個室＝家」を強調している（**写真37**）。

これらのシートの中にはいくつかの鳥や猫の小動物が隠れている。シートの中に出てくる猫は、これらデザインシートを開発した会社の社長が実際に飼っている猫とのこと（**写真38**）。ここに暮らす高齢者にとってこれらの動物は癒やしの効果になっている。入居者の中には毎日の日課として猫を探しにいく人もいるそうである。これらのシートのデザインは、高齢者がからだを動かすことのきっかけにも寄与している。

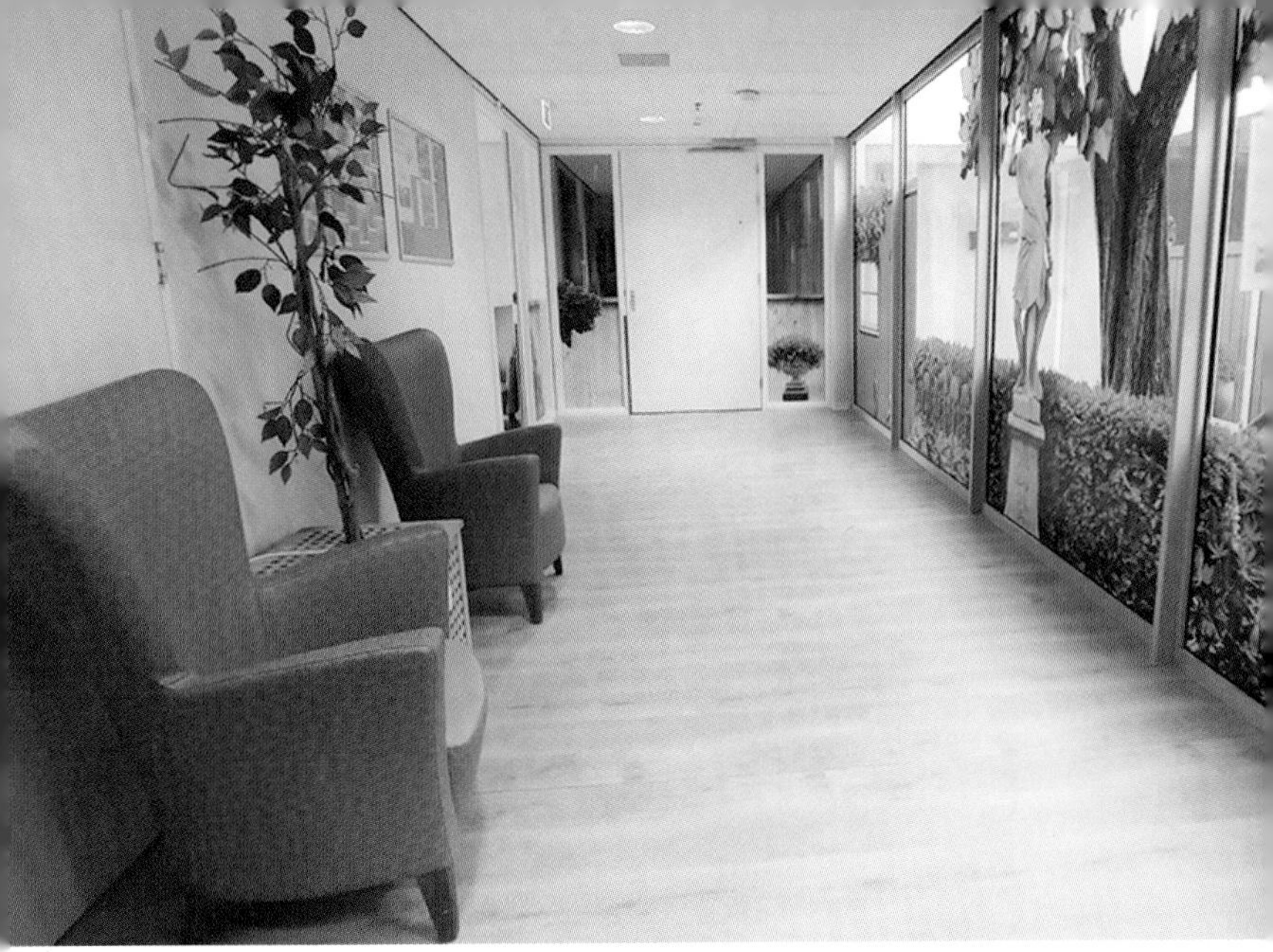

写真 35　公園風の廊下

写真 36　バス停や塀、窓などのシートが貼られ街並みを演出している廊下

写真 37　扉の写真のシートが貼られている個室扉

写真 38　施設内の隠れキャラクターのように小動物の写真が隠れている。右はデザイン会社社長の飼っている猫。左は実際に飼われている小鳥のそばに鳩がいる。

6 周辺地域との境界線のないナーシングホーム

■ ホルメガード・スパルケン（デンマーク）

かつての古い施設を2015年に建て替えたナーシングホームである。計画段階から施設長であるコニー氏から、新施設の考え方を伺っていた。元の施設は増改築を重ね、動線上の課題やバリアフリーにおいて改善すべきところがあった。新施設の計画では、現地での建替えという入居者がいる状況下で段階整備するという困難に立ち向かい、施設を完成させている。

この施設の特筆すべき特徴は、2万2000㎡の広い公園のような敷地に建つ施設と周辺地域との間に柵などが設けられていないところである。このエリアは緑豊かな住宅地である。そのため景観を尊重し、同様のスケール感になるよう「公園内のテラスハウス」をコンセプトに、3つのヴォリュームと6つのユニットに分けて建物が配置されている。「公園」は全ての人に開放されているため「境界線」は存在しない。そしてここに住む認知症高齢者が「施設に入っている」と思わない環境づくりがなされている（**写真39**）。

ここには、3つのテラスハウスの他に、レストラン棟も配置されている。「地域とつながる」理念を念頭に一般開放され、夕方ともなると地域の家族連れなどでにぎわっている。夏場などデンマークにとっての気候のよい時期はテラス席が人気である（**写真40**）。

入居者が共同生活をする1つのユニット内にはそれぞれ、キッチン、ダイニング、リビングなどが用意されている（**写真41、42**）。居住エリアの各個室ドアまわりは、自身の部屋と認識しやすいようカラフルでポップな色が施されている。その一方で内部のイン

写真 39　施設の外観。敷地周辺には柵などは存在しない。

写真 40　レストラン棟。人気が高いテラス席

テリアは、各入居者がこれまで使い続けていた思い出が詰まった家具が持ち込まれ、落ち着いた雰囲気になっている（写真43、44）。「公園」にこだわったこの施設では、元の地形のなだらかな高低差を活かしながら、池などを配してのびやかな緑のオープンスペースを生み出している。またアニマルセラピーの一環としてニワトリを飼育しているが、この空間は近隣の住民、とりわけこどもたちが一緒に利用している（写真45）。施設と地域との「柵」という境界線をつくらなかったことで、まさに「地域の中で共に暮らす」入居者の心を癒やす環境を生み出している事例といえる。

入居者にとって「公園内のテラスハウス」は、生活を豊かにする要素のひとつとなる。一方で、厳しい寒さの季節が長いデンマークにおいて、施設スタッフによる各ユニットの行き来は大変である。そのためこの施設では、レストランを含む全ての建物が地下でつながっている。入居者のための環境を守りつつ、スタッフの働きやすさにも配慮されている（写真46）。

写真 41　居住ユニットのキッチン

写真 42　居住ユニットのダイニング

写真 43　自分の部屋であることを明確にするために着色された個室の入口まわり

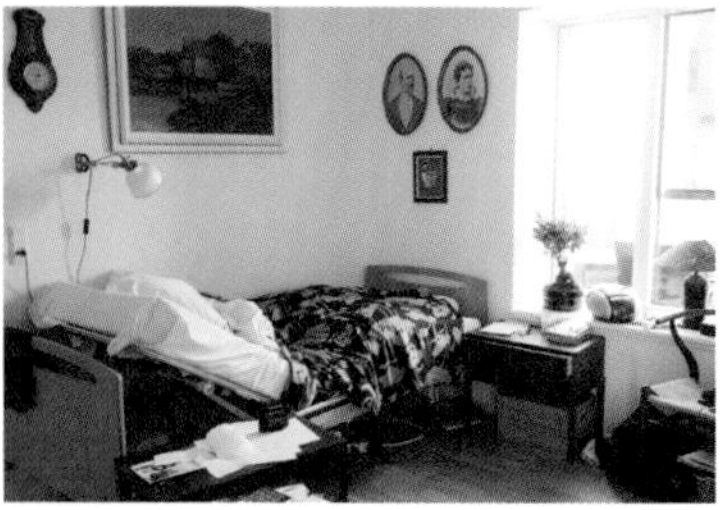

写真 44　個室のインテリア

写真 45　ニワトリが飼われている飼育エリア

各棟は壁面着色のサインで迷わないようにされている。

写真 46　各棟をむすぶ地下通路

7 地下室のレミニセンス博物館で世代間交流をはかる

■ アクロポリス（オランダ）

オランダ・ロッテルダムにあるこの施設は、医療施設に、重度患者のための介護施設、身体障害や認知症によりケアが必要な人のための自立支援ホームが併設された複合施設である。12階建てとアトリウムを有する6階建ての建物で構成されている（写真47）。

特に興味深いのはこのアトリウム空間である。ここにはカフェ・レストランをはじめ、ビリヤードやさまざまなアクティビティを楽しむことができる場所が用意されている。その他にミニスーパーや美容室、映画館なども併設されている。レストランとミニスーパーではアルコールも提供され、飲酒は自由となっている（写真48〜50）。この空間は、入居者やその家族、関係者の集まりの場所として利用され、世代間交流の仕掛けのひとつといえる。

この施設で特筆すべき特徴は、さまざまな「昔なつかしい」事物が、インテリアデザインのひとつとして飾られ、施設全体にレミニセンスデザインが導入されているところにある。例えば、美容室の前には昔使われていた関連道具がレイアウトされていたり、また別棟同士をつなぐ2階レベルのブリッジには、昔利用されていた歴代の車いすが一列に展示されていたりする（写真51、52）。

写真47　施設の中心となるアトリウム空間

写真48　カフェ・レストラン

写真49　ミニスーパー。車いす使用者でも商品が取りやすいよう工夫された形状の陳列棚

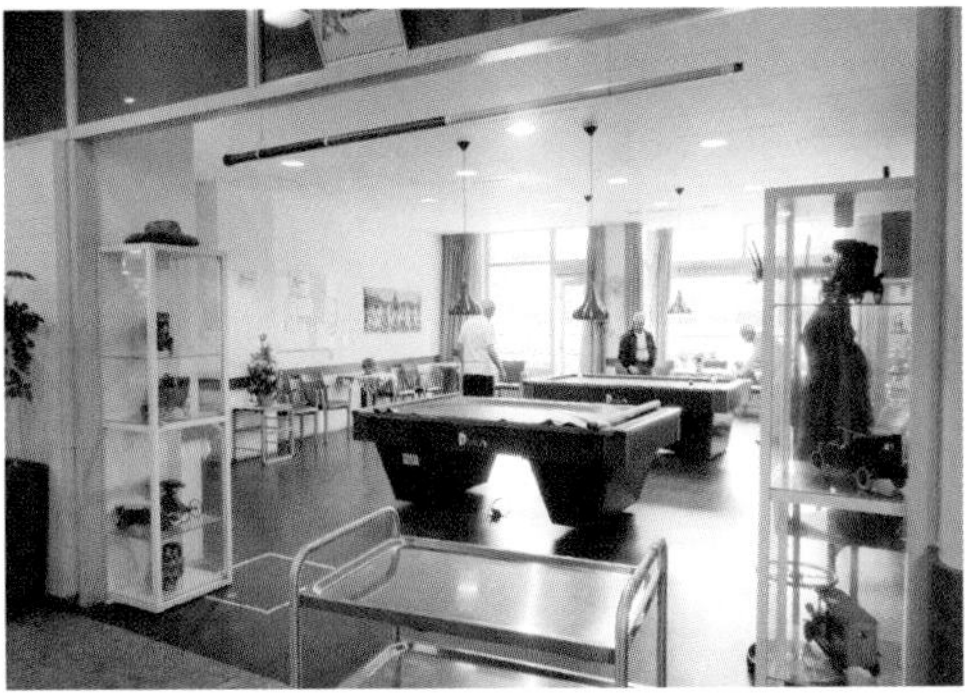

写真50　ビリヤード室

更にこの施設の地下には昔なつかしい事物が展示された「レミニセンス博物館」が設置されている。決して広くない比較的無機質な廊下の先には、間口の狭い博物館の入口がある。中に入るとあまり広くない空間にさまざまなものが展示されている。そして隣の部屋へと続く開口部があり、奥へと進むのだが、入口の印象とは違い、奥へ奥へと部屋がつながっている構成となっている。

ここには、テレビやカメラといった電化製品のエリア、バイクや自転車・修理工具のエリア、日用品や食料品の缶やパッケージを揃えた雑貨屋さんのエリア、オランダでは一般的であっただろう昔の寝室やリビング、書斎を再現したエリア、こどものおもちゃや絵本・ベビーベッドのあるナーサリーエリア、そしてキッチンとさまざまなキッチン用品、バスルーム、ランドリールームのエリアといった、生活空間一式が揃った博物館となっている（**写真53**）。ゆっくりと奥へ奥へと誘導し、更には空間の広さに対し、所狭しと事物で覆いつくされた展示方法は、直接なつかしさを感じなくても、ドキドキ感とワクワク感を与えている。

この博物館は認知症高齢者にとって症状の進行を緩やかにする

家事・書斎エリア

ダイニング・キッチンエリア

効果があるとされている回想法（レミニセンス）の実践の場として設けられている。そしてここは一般にも公開され、幼稚園や小学校の課外活動の一環としても利用されているため、あらゆる世代の人が訪れることになる。認知症高齢者にとってセラピーとして効果のあるレミニセンス博物館が、世代間交流を促す役割も担っている。

写真 51　昔の美容道具が飾られている美容室のエントランス

写真 52　歴代の車いすが展示されているブリッジ

雑貨屋エリア　　ナーサリーエリア

写真 53　レミニセンス博物館の内部

COLUMN

癒やしの水辺景観──ニューハウン

ニューハウンへは多くの人が訪れる。海外からの観光客のみならず、誰もが思わず写真を撮りたくなるコペンハーゲンを代表するスポットである。ここニューハウンでは多彩な色で運河の水辺を挟んだ空間を生み出している。同色に統一されているわけではないが、デンマークの伝統的な建築に使用される色彩で味わい深い調和感がある。係留しているレトロな船舶や屋外にはみ出したレストランのテントやサインが、楽しさや安らぎ感を醸し出している。太陽光の恵みを壁面いっぱいに輝かせる建物の集合体が奏でる色彩のハーモニーである。

その近くの街で、犬と散歩する人たちに出会った。観光地ではなく日常のごく普通の街並みに溶け込む生活風景があった。その建築壁面は木々の緑に映え、ほっと心が癒やされるのを覚えた。

都会の猥雑な景観に親しみを覚える人もいるが、やはり元々あった緑や水辺を活かしたり、景観を整えるため、色でも形でも何かひとつ共通のデザイン要素に着目したりすることも必要と考える。

運河を彩る建物のファサード

犬と散歩する日常の街並み

COLUMN

アートで癒やしのメッセージ
――ストックホルムの地下鉄駅

スウェーデンの首都ストックホルムの地下鉄駅はそれぞれ新進気鋭のアーティストによるアートが彩る。元々岩盤をくり抜いた駅は大地の中を貫く堅固なトンネル空間である。そのままでも迫力はあるが、そこにアートとしての彩色やグラフィックによりアーティストからのメッセージがある。ストックホルムの水辺に沈んでいるゴミを用いたアート作品には現代の都市生活で地球環境を改変し侵している事実に目を向け意識させるものなどがある。その数、約100にも及ぶ地下鉄の駅アートは電車を待つ時間が短く感じられたり、次の駅などのアートとの出会いを楽しみにしたり、そのアートの生み出す環境デザインを味わうことができる。このアートから癒やされると共に駅ごとの個性的な環境演出は、乗降客の利用したい駅を区別するサイン環境としての役割も果たしている。駅名の表示や数字、アルファベットなどでサインとするだけでなく、この地下鉄駅群ではアートをサインとして利用し利用者の心を癒やすことにもつなげようとした例である。

岩盤に浮かぶ駅ホームのエレベーター、エスカレーター

COLUMN

自然環境に溶け込む心を癒やす空間①
──テンペリアウキオ教会

教会は、心を癒やす建築空間や名建築として存在するものが多い。宗教の組織体の象徴的な空間であるがゆえ、建築空間として、また心の空間として宗派の伝統や形式に基づき生み出される。北欧のフィンランド、ヘルシンキにあるスオマライネン兄弟による設計のテンペリアウキオ教会（Temppeliaukion Kirkko）は宗徒のみならず、一般市民や観光客が入場することも認め、心癒やされる時を持つことが可能な教会のひとつである。プロテスタント教会のため、カトリック教会が備えているステンドグラスによって窓から荘厳な色彩の綾を演出することはない。その代わり、岩盤を掘り起こした地下空間に天空からの太陽光をルーバー状の天窓から差し入れ、岩盤の生み出す壁面に煌めく光の陰影を映し出している。宗教的な形式や建築構造の常識だけに縛られず、心を癒やす新たな空間として大自然の荘厳な環境に溶け込む注目すべき教会である。

COLUMN

自然環境に溶け込む心を癒やす空間②
──スコーグスシュルコゴーデン

森と湖に囲まれたストックホルムの郊外に世界遺産「森の墓地」スコーグスシュルコゴーデン（Skogskyrkogården）はある。設計したのは北欧の近代建築に多大な影響を与えたフィンランドのシーグルド・レヴェレンツと、グンナール・アスプルンドである。筆者の最初の訪問時ではしばらく時を忘れ、心に響き渡るような荘厳な自然の森と大空のひろがる大自然のもとに立ち尽くした。水面に映る生命循環のシンボリックな十字架が印象的だった(写真)。森の火葬場、3つの礼拝堂などの建築を過ぎ、森の奥へ進むにつれ、広大な墓地を囲む森の間に降り注ぐ木漏れ日の平行線が光り輝き、心は更に癒やされた。建築が主役ではなく、壮大な自然の森が大地と大空をつなぐ環境を生み出していた。

ひとつの建築の設計と施工に25年という歳月をかけ、生から死、そして生と、大自然の生命循環という大きなスケール感は日本人も学ぶべきと考える。

風車のある暮らしの水辺景観
―― ザーンセ・スカンス（Zaanse Schans）風車村（オランダ）

フェルメールも愛した運河沿いの街並み
―― デルフト（Delft）の水辺路地（オランダ）

4章

高齢者居住環境における新たな「場」の創出

① 介護職員が考える高齢者の居住環境

■「気分転換の場」のあり方

2章、3章で紹介したデンマークやオランダなどのナーシングホーム等の事例では、高齢者の居住環境として、日常と非日常のバランスをどのようにとるのかが熟考され、その一部が環境デザインに反映されている（**写真1**）。

日本の高齢者施設においても同様の考えのもとデザインがなされている施設が多々あるが、物理的な制約からデザインが難しい施設があるのも事実である。そのような状況で、建築の専門家ではない、施設で働く介護職員は現状の「居住環境」をどう感じているのだろうか。

■求められる「第3の場」

筆者は2019年、ある公益社団法人に所属する全国の特別養

正面の壁に取り付けられたモニターには近所の風景が映し出され、ペダルを漕ぐと連動して風景も動き、サイクリングの疑似体験ができるようになっている。外出がままならない高齢者が心身共に健康でいられるために配慮されている。

写真1　サイクリングの疑似体験をするオランダのナーシングホームの入居者

護老人ホームを対象に、入居者の気分転換の方法や場所、日中を過ごす居場所空間などについての状況を把握することを目的に、アンケート調査を実施した。[文1][注1] 各施設の代表で介護職員1名に回答をいただいた。

施設の形態はケアの方法で異なるが、主にユニット型と従来型、そしてその2つの複合型の3種類ある。いずれの施設も入居者の気分転換として散歩が行われている。最も多い行き先は施設の敷地内にある庭や屋上庭園である。これは屋外の場合であるが、居住エリア以外の部屋を歩く屋内散歩も行われている（**図1**）。

施設にはデイルームがある。いわゆる談話室や娯楽室のことであり、入居者が日中に思い思いの時間を過ごす共用空間である。施設によっては食堂と兼ねている。調査では約80％の施設において食事をする場所（食堂）と、主に日中を過ごす場所（デイルーム）が同じであることが分かった（**図2**）。

食堂やデイルーム以外に日中を過ごす共用の場所、いわゆる「第3の場」が施設内に存在するのかについて聞いたところ、「ない」施設は「ある」施設より若干多い程度であった（**図3**）。デイル

文1
老田智美、田中直人「施設形態からみた入居者の居場所空間の利用状況－認知症高齢者居住施設におけるBPSDに配慮したデザイン手法に関する研究その1」日本建築学会大会学術講演梗概集、2019・9

注1　調査概要
アンケート調査は2019年1～2月に、公益社団法人全国老人福祉施設協議会所属の特別養護老人ホーム3960件に配付。うち、有効回答数は533件である。

Q　入居者の気分転換に、散歩を兼ねた行き先はありますか

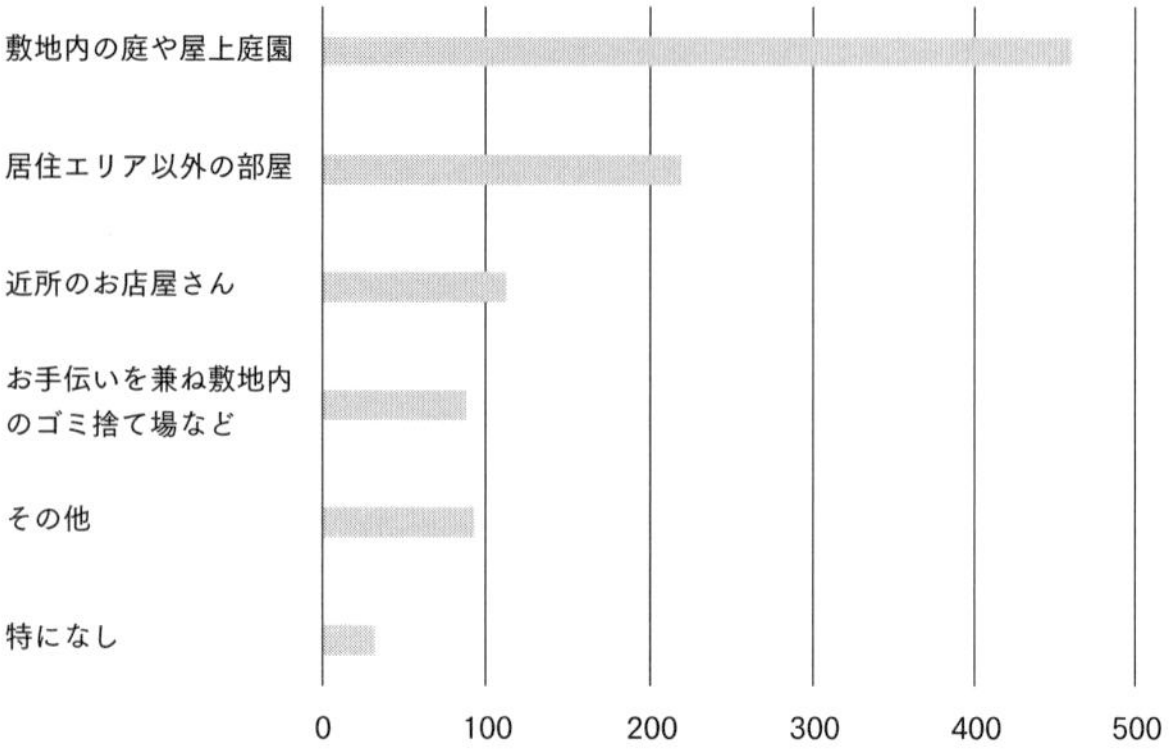

図 1　気分転換時の散歩の行き先

Q　食事をする場所（食堂）と日中を過ごすデイルームは同じですか

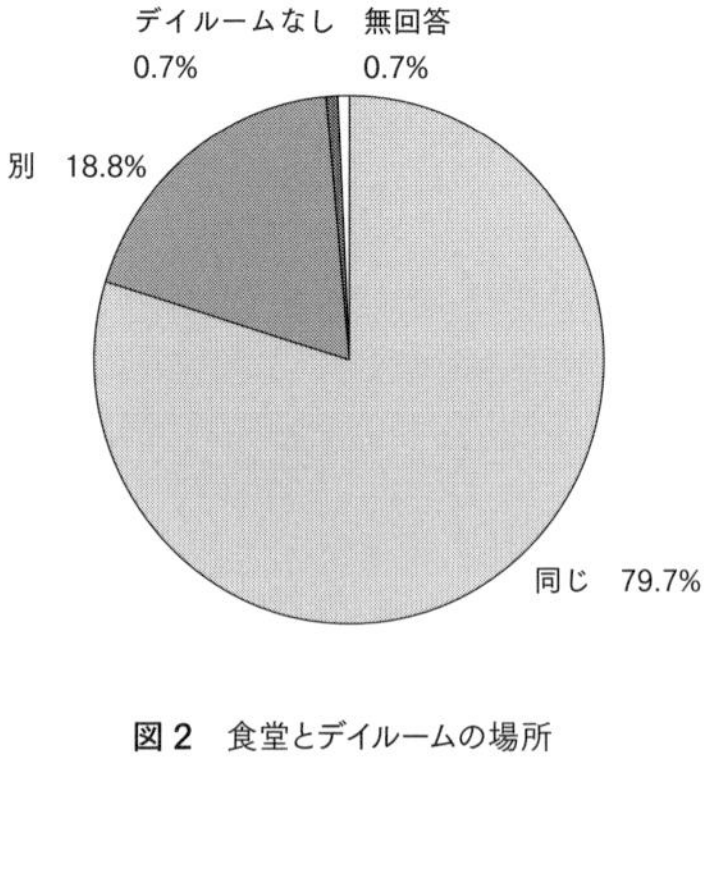

図 2　食堂とデイルームの場所

ーム等以外に利用している共用場所には主な傾向が見られた。1つ目はエントランスホールを含む「廊下・エレベーターホール」。2つ目は談話室や地域交流室、喫茶室などの「交流系共用室」。3つ目は多目的室や機能訓練室などの「機能系共用室」などである。そして特に従来型施設においては「廊下・エレベーターホール」を活用する傾向が見られた。

写真2はある従来型施設の廊下の風景（調査当時）である。デイルームは大きなホール型の食堂と兼用で設置されているが、介護職員の執務室が居室（多床部屋）エリアにあるため、入居者の多くは食事以外は居室で過ごすことが多いという。ただ「何もしなければ居室のベッドで寝たきりになってしまうため、廊下に居てもらうようにしている」とのことである。職員からは「日中、居てもらう場所が廊下ぐらいしかない」という意見が聞かれた。

アンケート調査でも、約76％の施設でデイルーム等以外で日中を過ごす第3の場は複数必要と考えられている。また入居者にとっては必要だが、見守り等の管理が難しいと考える施設も見られる（**図4**）。

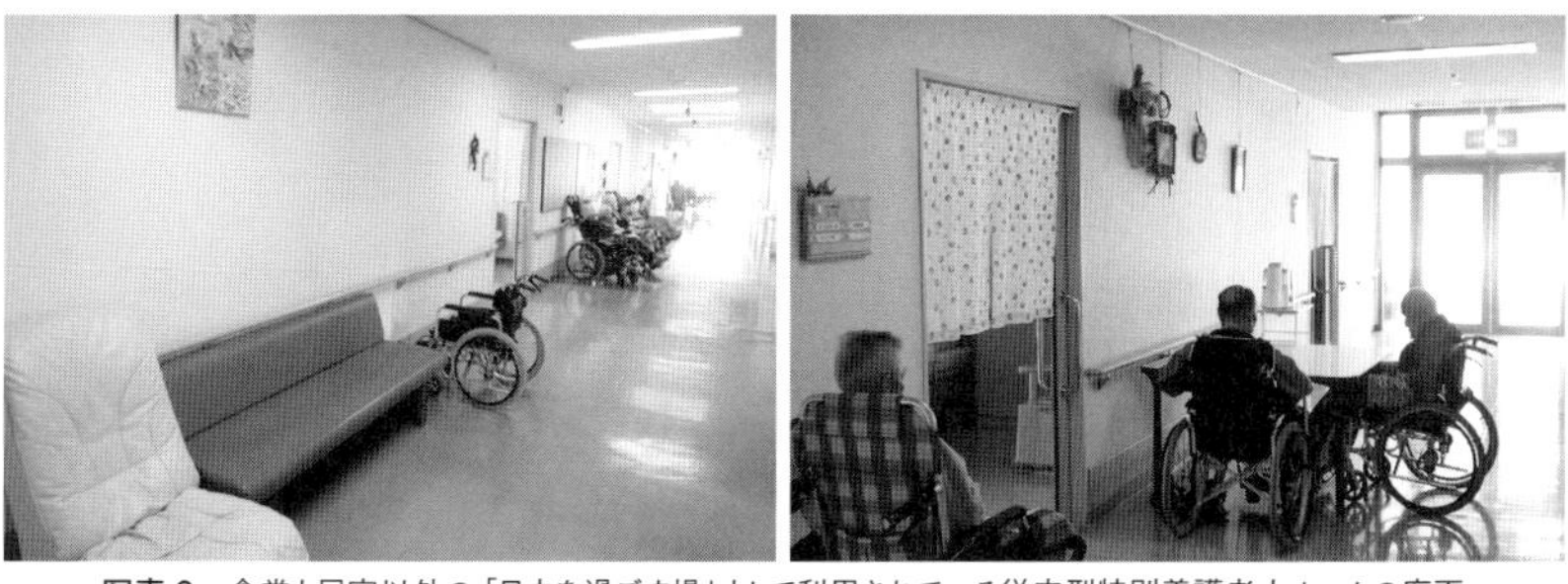

写真2　食堂と居室以外の「日中を過ごす場」として利用されている従来型特別養護老人ホームの廊下

Q　食堂やデイルーム以外に「日中を過ごす共用の場所」はありますか

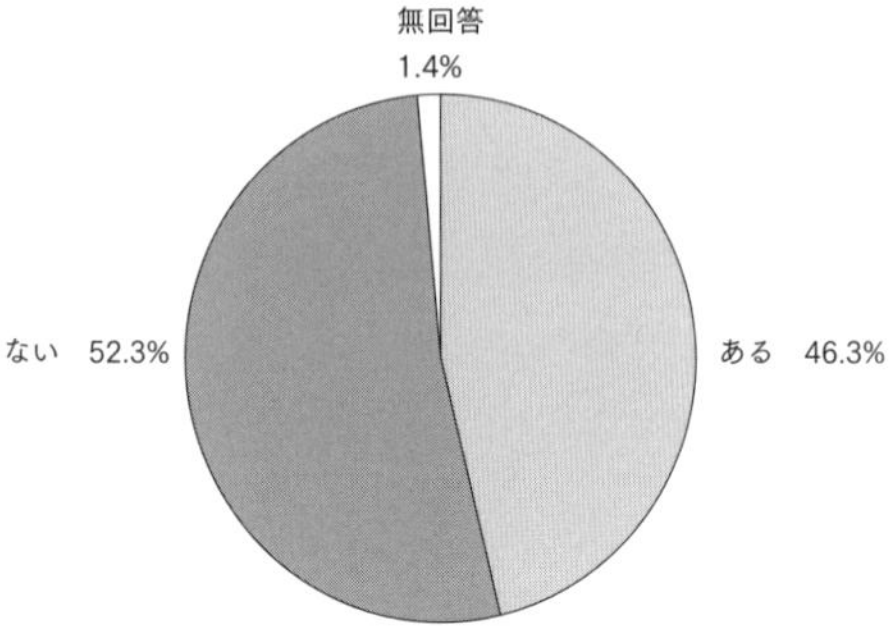

図3　デイルーム等以外の日中過ごす場所の有無

Q　入居者にとって、食堂やデイルーム以外に「日中を過ごす共用の場所」はいくつか必要だと思いますか

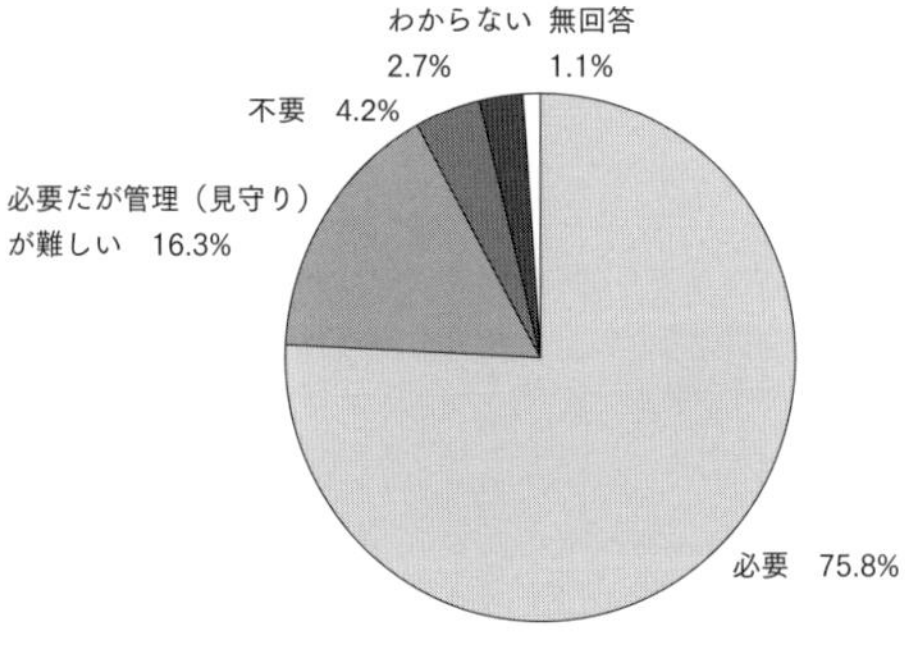

図4　日中過ごす場所の複数個所の必要性

② 新たな「場」の創出 ～深草しみずの里での試み～

京都市伏見区に位置するこの施設は、1階がデイサービス、2～4階が特別養護老人ホームとなっている。1フロア4つの居住ユニットで構成されており、個室は全部で110室ある。入居者110名のうち、99名は認知症者である（調査当時）。

この施設では基本的に、入居者は同じフロアの別の居住ユニットはもちろん、別のフロアへの移動は自由とされている。[注2] そのため1フロアで2～3名程度、同一フロア内の居住ユニットを移動したり、ひとりでエレベーターに乗り、1階にあるスタッフルームまで散歩したりする入居者がいる。自立歩行や自走可能な車いす利用の入居者にとっては適度な気分転換が可能な施設といえる。

一方で、ほぼ認知症者となる入居者の中には帰宅欲求が出現する人もおり、職員による見守りやカームダウンの促しが行われている。

注2
入居者がインフルエンザなどの感染症に罹患した場合は、その入居者が生活するユニット内へ入ることは禁止される。

■カームダウンの「場」の設定

一般的な傾向として、夕方になるとソワソワし始め、家に帰ろうとする人がいる。この施設においても、当時16名の入居者がそれに該当していた。その際、職員はどのような場所でカームダウンを促しているのかについて調査した。[文2] その結果、「話題転換ができ、飲食で落ち着いてもらえる『リビング（デイルーム）』」（**写真3**）が多かった。一方、人が居ない場所でのカームダウンが必要な入居者に対しては、「自室」や「外の景色が見える『廊下の窓際』」が挙げられた。

文2
老田智美、田中直人「認知症高齢者の帰宅欲求時に利用するカームダウン空間の考え方–認知症高齢者居住施設における周辺症状緩和につながるデザイン手法に関する研究 その2」日本福祉のまちづくり学会第20回全国大会概要集、2017・8

写真3　デイルームで過ごす入居者

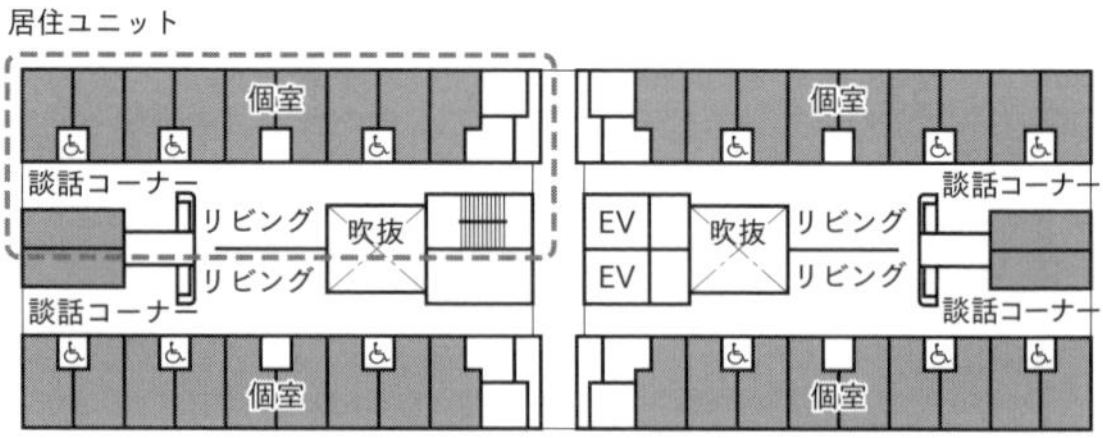

図5　深草しみずの里の2〜4階平面プラン

■ 新たなカームダウンスペースの創出に向けて

この調査の目的には「デイルーム以外の気分転換が可能で、かつカームダウンスペースとして使える場所の創出」があった。そのため職員へのアンケート調査と併せて、カームダウンスペースに関するヒアリング調査も行った。

その結果、職員が考えるカームダウンに適した環境の条件は、次の3点である。

①気分転換がはかれる
②他の入居者と視覚的な隔離がはかれる
③各入居者の自室の近くにあり行きやすい

この3点の条件に近い場所として、各居住ユニット内にある『廊下の窓際』に設置されたソファまわり」が挙げられた。この場所は平面図（**図5**）には「談話コーナー」と示されている場所であり、居住ユニットごとにソファなどが設置されている（**写真4**）。しかし実際にはあまり活用されていないことが分かった。

写真4　談話コーナーにあたる廊下の窓際ソファ

■既存空間を活かすカームダウン「ユニット」の試み

既存の多くの特養ではユニットケアを採用し、通常、一日のスケジュールに基づき生活が展開されている。しかしながら入居する高齢者の活動はあまり多くはなく、一日の生活の場の大半はデイルームなどで過ごしていることが全国の高齢者施設アンケートでも明らかになった。ではどのようにすれば既存の制約が多い施設で、気分転換やカームダウンの環境を確保するのか。そこで筆者が提案するのは、レミニセンスをはじめ多様な感覚刺激の要素を導入した「ユニット」[注3]を設置する方法である。

そして前出の「深草しみずの里」で挙げられた「談話コーナー」に、提案の「ユニット」を3種類設置した（**図6**）。

「ユニット」へのレミニセンス要素の導入

入居者に対し気分転換やカームダウンについてより効果を高めるため、レミニセンス（回想法）の要素を「ユニット」デザインに導入することを前提にしている。レミニセンスは「なつかしい

注3 「ユニット」
高齢者施設のユニットケアに基づき設計された居住エリアを本書では「居住ユニット」と表現し、筆者が提案・作製したカームダウン空間を「ユニット」と表現する。

物や風景」を利用し、高齢者の発話のきっかけをはかる心理療法である。会話により心の安定をはかりながら、「なつかしい」「楽しい」といった思い出を蘇らせることで、精神的に心地よい環境をつくり出すことを期待するものである。

対象となる施設の入居者は、1920年代後半から1930年代前半に生まれた、現在（調査当時）85～90歳の人が多くを占めている。そして「ユニット」に導入するなつかしい物や風景について職員と検討し、次の3タイプを設定した。

①1940年までの幼少期のなつかしい物や風景
②1960年代で働き盛り・子育て中の壮年期のなつかしい物や風景
③世代に関係なく馴染みのある物や風景

「おくどさんユニット」

入居者が幼少期の頃のなつかしい物や風景として、「おくどさん」をデザインテーマにした（**写真5**）。「おくどさん」とは、お米などを炊くかまど、またはかまどのある場所をいい、キッチン

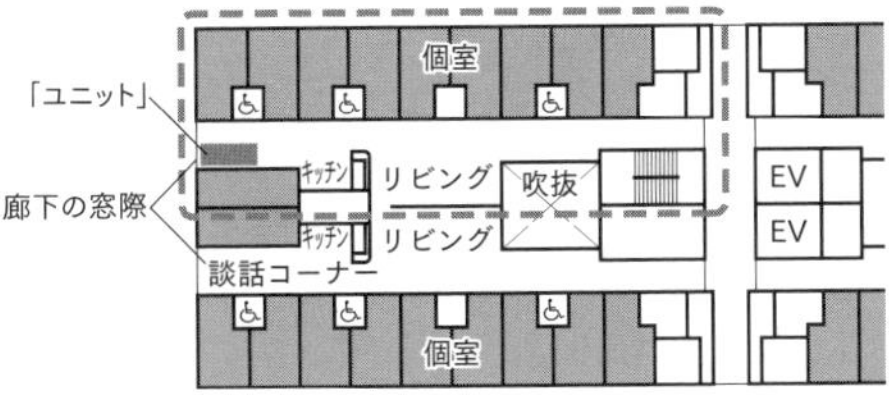

図6　居住ユニット内に設置された「ユニット」の場所

のことである。「おくどさん」という呼び名は、「くど(かまど)」という名詞の前に丁寧な表現にする「お」と、敬称である「〜さん」を付けることで親しみを込めている。昔は幼少期であっても家事を手伝うのが当たり前の時代であり、「おくどさん」はなつかしい物のひとつとなる。

「ユニット」は、おくどさんの写真パネルの前に、カウンターテーブルとベンチを設置することで、「おくどさん(キッチン)」の一角でお茶を楽しむこともできるようにした。「ユニット」のサイズは幅2000㎜、高さ1900㎜、奥行き900㎜である(**写真6**)。

「縁側ユニット」

入居者が壮年期の頃のなつかしい物や風景として、「縁側」をデザインテーマにした(**写真7**)。「縁側」とは、伝統的な日本家屋の構造で、家の建物のへり(縁)部分に張り出して設けられた板敷きの通路であり、テラスのようなものである。この通路自体がベンチでもあり、ここに座って家族や近所の人と語らう場にも

写真5 幼少期のデザインテーマに取り入れた「おくどさん」のイメージ

写真6　設置した「おくどさんユニット」（京都・深草しみずの里）
（「ユニット」ほかデザイン：田中直人＋ヒロデザイン事務所）

なることから、日本の古きよき時代におけるコミュニティの場の象徴でもある。

この「ユニット」のもうひとつのデザインテーマは、1960年代の「居間」である（**写真8、9**）。当時の居間は食事と家族の団欒に使う畳敷の部屋である。部屋の中心には「ちゃぶ台」という円形の食事用テーブルが置かれ、これ自体が家族の団欒のシンボルとなっている。

「ユニット」は、1960年代の居間の写真パネルの前に、縁側風のベンチを挟んで、縁側風のベンチを設置している。また、軒下に物干竿を設置し、入居者が洗濯物をベンチで畳む行為もできるようにした。「ユニット」のサイズは幅2000㎜、高さ1900㎜、奥行き800㎜である（**写真10**）。

写真8　1960 年代の居間のイメージ

写真9　縁側の奥に居間があるイメージ

写真7　壮年期のデザインテーマに取り入れた「縁側」のイメージ（撮影：鏡野町観光協会）

写真10　設置した「縁側ユニット」（京都・深草しみずの里）
（「ユニット」ほかデザイン：田中直人＋ヒロデザイン事務所）

「お地蔵さんユニット」

世代に関係なく馴染みのある物や風景として、「お地蔵さん」をデザインテーマにした。「お地蔵さん」とは、仏教の「悟りを開く前の仏陀」のひとつである。そしてこどもを守る神様としても信仰されている。「お地蔵さん」という呼び名は、「地蔵」という名詞の前に丁寧な表現にする「お」と、敬称である「～さん」を付けることで親しみを込めている。この施設のある京都の街角には、多くのお地蔵さんが設置されている（**写真11**）。

8月のおわりには、お地蔵さんに飾りやお供えをする「地蔵盆」という、こどもによって行われる祭りがある。京都に住む人にとってお地蔵さんは、馴染み深い存在である。

「ユニット」は古い住宅の外観（**写真12**）を再現し、それを背景にベンチとお地蔵さんを設置した。「ユニット」のサイズは幅2000㎜、高さ1900㎜、奥行き550㎜である（**写真13**）。

写真11　施設の近所にあるお地蔵さん

写真12　古い住宅の外観イメージ

写真13　設置した「お地蔵さんユニット」（京都・深草しみずの里）
（「ユニット」ほかデザイン：田中直人＋ヒロデザイン事務所）

■「ユニット」設置後の入居者への影響

3タイプの「ユニット」の入居者に対する効果を見るため、筆者は2つの調査[文3]を実施した。1つ目の観察調査では「ユニット」の設置後、これを利用した入居者の反応やそこで交わされた言葉について、2つ目の行動調査では、自分の意志で移動でき、かつ施設内を徘徊する入居者4名を被験者とし、「ユニット」の設置前後の行動変化についてそれぞれ確認した。また心理状態を客観的に観察する指標として、リストバンド型生体センサを被験者の右手首に装着し、脈拍を計測している。ここでは入居者への観察調査の結果について紹介する。

3タイプの「ユニット」はそれぞれ、2～4階の各フロアにあるひとつの居住ユニット内の談話コーナーに設置した。そのため特に「おくどさん」「縁側」に近づく入居者はそれらが設置された居住ユニット内の入居者、もしくは同じフロアにある別の居住ユニットの入居者のいずれかであった。一方で「お地蔵さん」については他のものと反応が異なった。

文3　老田智美、田中直人「回想法を用いたカームダウン空間の導入による認知症高齢者の行動変化」オーガナイズドセッション（超高齢長寿社会の住空間デザイン）、日本建築学会大会学術講演梗概集　計画系、2020

毎日のルーティーンになった「お地蔵さん」

「お地蔵さん」は3階のうちのひとつの居住ユニット内に設置したが、他のフロアの入居者らも「お参り」に多く来た。京都という場所柄もあってか、日常的に「お寺や神社へ行きたい」と言う入居者が多かったという。そのため職員が連れて来ていた。ここへ来た入居者は一様にお地蔵さんに手を合わせ、感謝の気持ちを伝えていた。また「お地蔵さん」の設置された居住ユニットに住む男性入居者は、帰宅願望が出現するとともに、日に何度も1階のスタッフルームへ行くのが日課であるが、「お地蔵さん」が設置されたことで「自分が心から信じているのはお地蔵さん」「今日は自分がお地蔵さんを守る日だから家に帰らずここに泊まる」等の発言が確認され「お参り」をしていた（**写真14**）。

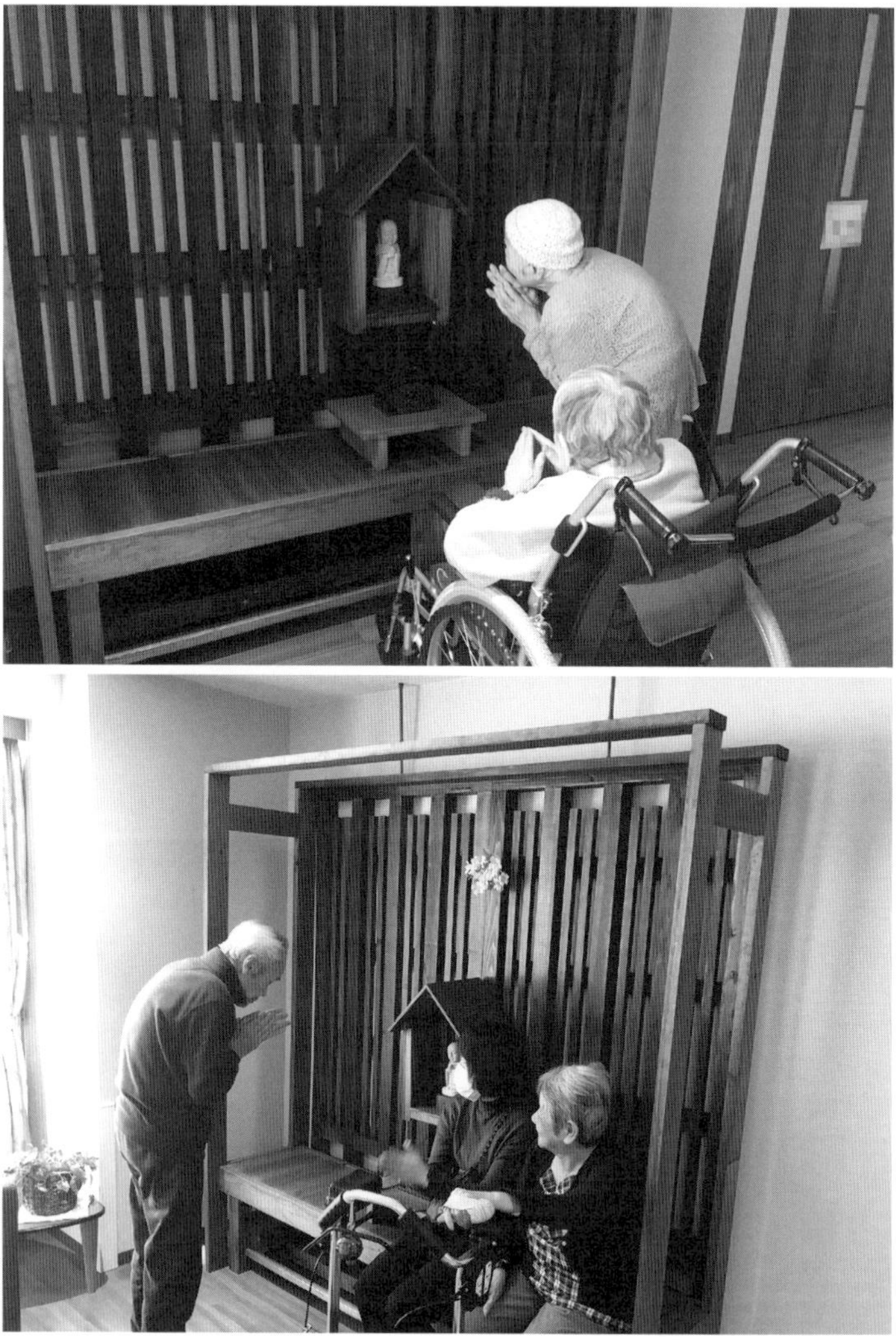

写真 14　「お地蔵さん」にお参りする入居者

認知症者の特有の解釈

「おくどさん」を設置した場所では、常に徘徊している認知症の女性入居者が近づくものの眺めるだけで、自発的に「おくどさん」に設置されたベンチに座ることはなく、職員に促されると座っていた。その際おくどさんの写真を見ながら「よくこんなの残ってたな」「このおくどさんどこから持ってきたん?」という発言や、錆びたお釜の写真を指差し、錆を取る方法などを一生懸命話していた。また別の認知症の女性入居者は、幼少期に兄に教えてもらいながらご飯の支度をした話などをしていた。

「おくどさん」に近づくものの眺めるだけだった入居者とのその後の会話から、「誰かの家の台所」のため「勝手に入ってはいけない」と認識していることが分かった。

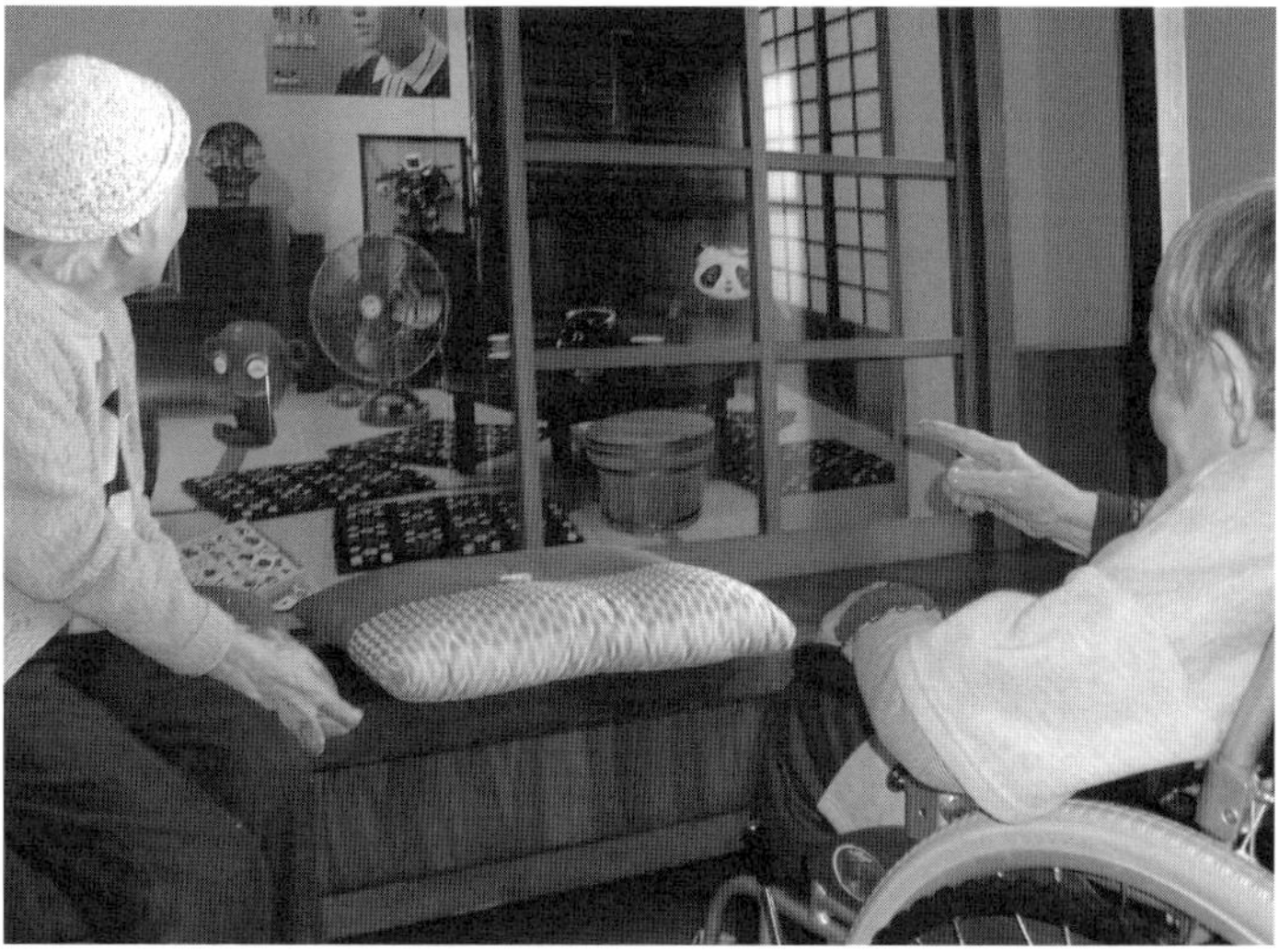

写真15　「縁側」で語らう入居者

この傾向は「縁側」も同じであった。職員に促されると「縁側」に座り、「なつかしい物や風景」をきっかけに幼少期や壮年期についての発話が活発になった。また彼らは、写真パネルの物や風景が、実際に存在する空間であると認識していた（**写真15**）。

■ 新たな「場」としての「ユニット」の展開方法

これら一連の調査は、気分転換やカームダウンの環境を確保することを目的としたものである。入居者と職員とで一緒に利用してもらうことはもちろんのこと、ひとりで徘徊する入居者にも自然に休憩してもらえるよう、ベンチと一体的につくるとともに、興味を引きつける意味でも「レミニセンス」（回想法）の要素を導入している。

女性入居者の割合の多いこの施設において、「女性は専業主婦」が多かった時代背景を鑑み、「昔の家の風景」がレミニセンスとして有効ではないかと考え、3つの「ユニット」のうち、2つを「おくどさん」「縁側」とした。この2つは「昭和レトロ」をテーマにした博物館などでも再現されている、言わば「定番の風景」である。入居者と職員とが一緒の際は、若い職員に入居者が昔の道具の説明をするなどし、レミニセンスが実践されていた。しかし入居者がひとりの時は「おくどさん」「縁側」は、誰かの家だと認識し、自ら近寄ることはなかった。（**写真16**）。

「お地蔵さん」ではこの調査の目的を果たすことができた。認知症である入居者にとってもお地蔵さんは公共的な共用物との認識があり、「誰かの所有物」ではないため、お地蔵さんに自ら近

この入居者は、「おくどさん」の左横に入口のある個室の中が見えていると認識していた。

写真16　「おくどさん」の中の様子を立った状態で見る入居者

寄り頭を撫でるなど触る人が多かった。

またお地蔵さんには「祈る」という必然的な行為が存在する。それにより「お地蔵さんにお参りをする」という新たな行為や散歩の目的を生み出すことができたといえる。

ただしこのような公共的な共用物をテーマとした場合、その設置場所が課題となる。今回の「ユニット」の利用対象者は、設置した居住ユニットの入居者または同じフロアの各居住ユニットを徘徊する入居者であり、他のフロアから入居者が来ることを想定していなかった。そのため「ユニット」の設置場所は居住エリアの出入口から最も離れた奥まった場所であり、動線的に課題が残った。

そこで筆者は次のように「ユニット」デザインの方向性を考える。
①公共性のあるテーマの「ユニット」は、気分転換としての散歩の目的地にし、設置場所は施設内の共用空間にする。
②カームダウンを目的とした「ユニット」の設置場所は居住ユニット内とし、テーマは花や緑など、あまり意味を持たせないものにする。
この検証はこれからも続く。

5
章

求められる「心を癒やす」環境デザインとは

■多様性を配慮した環境デザインの方向性

昨今、多様性を認める社会づくりの考え方がひろがりを見せている。認知症高齢者に対しても、例えば徘徊などに対応し、地域や社会で見守る体制づくりがなされている。このことからも認知症高齢者への配慮は、決してバリアフリー基準の中だけでは完結できないことが分かる。

一方で、認知症高齢者の症状の「特殊性」のみに囚われすぎてもいけない。例えば私たちは複数人で楽しく過ごしたい時もあれば、ひとりで居たい時もある。また同じひとりで居たい時でも、カフェなどで他人という人の気配や存在を感じつつ、その中に紛れるようにひとりの時間を過ごしたいと思うこともある。無音のただひとりだけの空間に居ると、落ち着くどころか不安に感じたりもする。

そしてそのような「人にとって共通してありうる心理状況」に対し、共用リビングの一部や廊下の一部にカームダウンコーナーを設置することで認知症高齢者に配慮しているのが、デンマークやオランダのナーシングホームである。人として同じ感情を持つことを想像すれば、認知症高齢者に限らず、多様な人にとって心を癒やす環境デザインが生まれるはずである。

■ 心を癒やす環境デザインの5つの鍵

①ライフヒストリーの尊重

高齢者福祉の分野においてライフヒストリーを介し、高齢者への理解を深める例がある（53頁参照）。そこで得た情報は適切な生活支援を行うための資料となる。そしてこの情報は、住環境にも活かされるべきものである。

デンマークやオランダのナーシングホームで最もよく聞かれた言葉が「今まで住んでいた家に近い環境」や「自分の家のような環境」である。それは目に見える環境が認知症者に大きな影響を与えるからにほかならない。そしてそんな「環境」の実現に、さまざまな工夫がなされていることは、前章までに紹介した通りである。

例えばこどもの頃から読書が大好きで「本を読むことが生活の一部」である人なら、床から天井まで本がぎっしりと詰まった本棚に囲まれた部屋の持ち主かもしれない。またそのような環境に身を置くことで癒やしを得ているかもしれない。そしてそれは仮に認知症になったとしても変わらないであろう。

介護が必要となり生活の場がナーシングホームになったとしても、本に囲まれた環境に心を癒やされるのであれば、その環境は「継続」される。認知症で本を読むことができなくてもそれは関係ない（**写真1**）。

「継続」のための環境づくりは、その人のライフヒストリーを尊重したデザインであり、「心を癒やす環境デザイン」のひとつの手法といえる。

②行動習性の活用

人には相対的に明るい方向へ向かい、通路の分岐点では幅が広い方や天井の高い方へ向かうなどの行動習性があるといわれている。また例えば扉にノブが付いている場合、扉の開閉方法のアナウンスがなくても、人はこれまでの経験から扉を開閉することができ、このような行動をとることをアフォーダンスという（44頁参照）。これもまた人に備わっている。そしてこれらの行動習性は認知症になっても残っている場合が多い。

老人ホームの玄関ホールの外部から光が差し込み、空間的にひ

写真1　本棚が置かれた認知症高齢者の個室（オランダ）

ろがりのある場所があり、その景色が建物内部からよく見える場合、徘徊をする入居者の中にはその玄関ホールへ近づき、外へ出ようと試みる人もいる。それを防ぐため入居者の目線をさえぎるように、廊下と玄関ホールの間にパーティションを立てるなどの対応がとられる例がある。またそれ以外にも、認知症高齢者にも備わる行動習性により、施設管理者にとっての「不都合な行為」が存在する。

認知症高齢者が多くを占める老人ホームでは、これらの「不都合な行為」を抑制するための環境整備は、バリアフリー以上に求められる。「行動習性」に対する「対処法」ではなく、例えば前出の玄関ホールなどの目を向けてほしくない反対側に意識を向ける空間的仕掛けをするといった、行動習性を活用した「デザイン対応法」が必要となる。

③ハレとケの演出

日本語に「ハレ」と「ケ」という言葉がある。ハレは「晴れの日」というように儀礼や祭、年中行事などの「非日常」を指す。それに対しケは「日常」を指す。

老人ホームなどでも年中行事として「ハレの日」が設けられている。その一方で、日中をほぼ同じ場所で過ごす入居者にとっては、日常生活の中のちょっとした場所の移動や行為が、その人にとっての非日常になる場合がある。

オランダのグループハウスに住む女性は、敷地内にあるミニスーパーに買い物へ行くのに、赤でコーディネートされたコートとハンドバッグで、おめかしをしていた（**写真2**）。彼女にとっては「非日常」の時間である。その他にもキャンドルやアロマが焚かれたバスルームでの入浴や、スヌーズレンルームの利用など、非日常を演出する環境づくりが、個々の施設でなされている。

デンマークやオランダで訪れたいくつかのナーシングホームには、一般開放されたレストランがあった。日本でいうところの大型病院にある食堂のような感じである。レストランでは入居する高齢者がひとりで利用するのはもちろんのこと、家族が面会に来た時に過ごす場としても利用されている（**写真3**）。何よりレストランはいずれもデザイン性が高く、「非日常の時間を過ごす場」として提供されている。

普段あまり変化のない日常を過ごす高齢者には、より非日常として捉えてもらえる特別な環境デザインの場が必要となる。

写真2　施設内のミニスーパーで買い物をするのにおめかししている認知症の女性（オランダ）

④セラピーの環境化

認知症高齢者には心理的要因が作用して起こるBPSD（29頁参照）が出現する人がいる。そのため日常生活の介護のみならず、メンタルケアも必要である。

身体機能の低下とともに車いすを利用し、かつ自力では移動できない認知症高齢者も多い老人ホームにおいては、ちょっとした気分転換がはかれる環境があるだけでも心の安定には有効である。

2章と3章で紹介した通り、海外の施設では入居者の視覚に訴えるホスピタルアートを活用したり、レミニセンスの要素をインテリアデザインとして環境に展開したりしている例が多い。また「個室」という個々人に対応した落ち着きの場の提供とは対比的に、共用廊下などにこれらのデザインは配置されている。そこは日本のユニット型施設でいうところの居住ユニット以外の共用スペースに該当する（**写真4**）。

多様に存在するセラピーの要素をインテリアデザイ

写真3　ナーシングホーム内にある一般開放されたレストラン（オランダ）

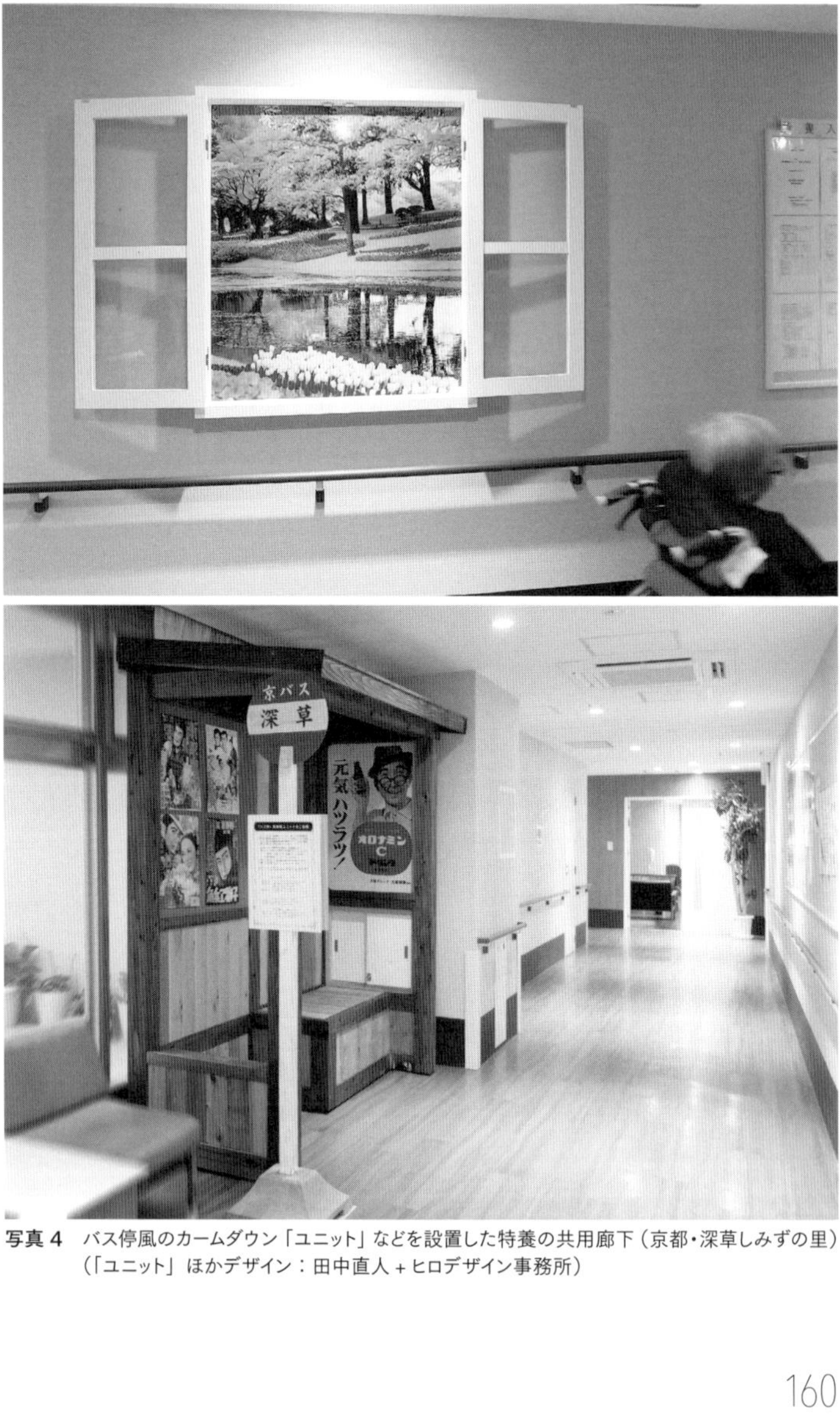

写真４　バス停風のカームダウン「ユニット」などを設置した特養の共用廊下（京都・深草しみずの里）
（「ユニット」ほかデザイン：田中直人＋ヒロデザイン事務所）

写真 5　セラピーのひとつである「スヌーズレン」の要素をインテリアデザインとして展開した授乳室の例
スヌーズレンの要素としてバブルユニットとプロジェクターによる映像を導入している（宮城・イオンモール名取）。
（設計：NATS 環境デザインネットワーク）

写真 6　アニマルセラピーの要素をインテリアデザインとして展開したベビー休憩コーナーの例
海底で魚が泳ぐ映像が流れるモニターを壁面に埋め込み、赤ちゃんに見える位置にのぞき穴をもうけている（埼玉・イオンレイクタウン mori）。
（設計：NATS 環境デザインネットワーク）

ンなどの環境へと展開する「セラピーデザイン」（74頁参照）は、健常者が考える「洗練された」「落ち着きのある」デザインとは異なる（**写真5、6**）。しかし認知症高齢者や介護職員にとっては、会話や気分転換などのきっかけになるとともに、入居者がＢＰＳＤを出現させた場合にはカームダウンの場として機能する。

これまでの「高齢者居住環境」のデザインに囚われない、新たなデザイン要素の導入も必要である。

⑤専門領域の統合

建築の視点から見ると、高齢者の居住環境においてはバリアフリーを行うことで「安心・安全」を実現することができる。しかし認知症高齢者の居住環境においては認知症特有の症状から、バリアフリーのみでは不十分となる。

2章と3章で紹介した海外事例は専門の介護職員らが毎日、入居者である認知症高齢者と接する中で見出した手法であり、またそれも数年かけて試行錯誤しながらつくり上げられた居住環境といえる。それゆえ、建築家がそれらを「デザイン」としてのみ捉え、環境をつくり上げたとしても不十分さは残るであろう。

日本の認知症高齢者の数はあと数十年、増加の一途をたどるとともに老人ホームの数も増加が予想されている。そしてそれにあわせて居住環境の深化も求められる。深化の実現には「各専門領域の統合」、いわゆるコラボレーションが必要である。

介護職員は認知症高齢者のＢＰＳＤに対する対処方法を知るプロである。しかし建築家やデザイナーではないので、環境的な対処方法は張り紙などの直接的な表現になってしまう。逆に建築家らは対処方法を知らない。また空間にホスピタルアートやレミニセンスなどのセラピー要素をインテリアとして展開する際にはセラピストの専門知識が必要となる。更にそれらをセンスよく展開するにはインテリアコーディネーターやインテリアプランナーの知識が必要となる。

コラボレーションによる認知症高齢者の居住環境づくりもまた、「心を癒やす環境デザイン」のひとつの手法といえる。

おわりに

東京2020オリンピック・パラリンピック大会開催を契機に、バリアフリー整備の対象範囲や対象者は拡大しました。対象者は介助を要する重度障害者をはじめ自閉症者を含む発達障害者等への配慮をより充実させる傾向にありますが、建築分野において具体的な方法は一般的に確立していないのが現状です。それは対象とする方々が個々に異なる状態であることに他ならず、これは認知症高齢者にも該当します。整備基準として示すことの難しい部分であるといえます。

本書では、デンマークとオランダの高齢者居住環境における「心を癒やす環境デザイン」事例を紹介しています。ただしこれらの事例でも、施設スタッフからよく聞かれたのは、「完成形ではなく、まだ途中段階である」ということでした。常に検討し、試し、改善する。その繰り返しであるということです。大切なのは、「浮き沈みのある心理状態の方々」であることを前提に、どのような環境を提供すれば、少しは気分が和らぐのかを、関係者と共に考える行為です。

デザインに答えが無いように、本書で紹介した事例も「答え」ではなく、「参考」にすぎません。各国の慣習の違いはもとより、年月の移り変わりと共に対象となる世代も変化し、求められる内容も現在とは異なるものになるでしょう。それに対応すべく新たな視点や条件と共にデザイン手法は生まれます。心を癒やす環境デザインもまた同じです。まずは本書により、「心を癒やす」という、いずれの人にとっても共通して必要なテーマを考えるきっかけにしていただければ幸いです。それにより認知症高齢者に限らず、多様な方々への新たな環境デザインへの手がかりとなることを強く願っています。

本書の主たる部分である国内外の調査の多くは、田中直人を研究代表者とする科研費基盤（B）「認知症高齢者の逆行性喪失行動およびBPSDを緩和する居住環境デザイン手法の構築（2018〜2022）」、「レミニセンスを導入した居住環境における認知症高齢者周辺症状緩和デザイン手法の構築（2016〜2018）」、「レミニセンス（回想法）を導入した認知症高齢者居住環境における感覚誘導システム構築（2010〜2012）」の研究費によるところが大きく、研究分担者として参加いただいた諸先生方のご理解とご協力に厚く感謝申し上げます。

最後になりましたが、現地での調査のサポートをしていただいたデンマークの片岡豊氏、月井由紀子氏、オランダの山口千真氏、検証場所となる高齢者施設の調整等にご尽力いただいた京都デザイン協会の奈良磐雄理事長、故藤原義裕氏、老田徳廣氏、ならびに検証調査にご協力をいただいた京都清水メディケアシステムの清水鴻一郎会長、特別養護老人ホーム深草しみずの里の渡邉茂施設長およびスタッフの皆様、そして出版までの長期にわたり、忍耐と寛容の心で多大なご尽力をいただきました後藤武氏（元彰国社）、編集部の大塚由希子氏に厚く感謝申し上げます。

著者

【著者紹介】

田中直人（たなか なおと）

神戸市生まれ。東京大学大学院工学系研究科建築学専門課程修了。博士（工学）。神戸市住宅局、経済局、開発局、都市計画局にて、建築・都市地域の計画やデザインを担当。その後、神戸芸術工科大学環境デザイン学科教授、この間、兵庫県立福祉のまちづくり研究所主任研究員を兼務。摂南大学理工学部建築学科教授、島根大学大学院総合理工学研究科特任教授を経て、現在、島根大学客員教授、NATS環境デザインネットワーク顧問。一級建築士。
各地でまちづくりやユニバーサルデザイン、住環境デザインに関する調査・研究活動のかたわら、行政・学会の委員会や「こうべUD広場」など市民参加のプロジェクトに携わっている。

［著書］

『建築・都市のユニバーサルデザイン』『ユニバーサルサイン　デザインの手法と実践』（単著）、『ユニバーサルトイレ　多様な利用者のための環境デザイン手法』『五感を刺激する環境デザイン　デンマークのユニバーサルデザイン事例に学ぶ』（共著）ほか多数

老田智美（おいだ ともみ）

福知山市生まれ。神戸芸術工科大学芸術工学部環境デザイン学科卒業。摂南大学大学院工学研究科社会開発工学課程修了。2006年東京大学にて博士（工学）の学位を取得。都市再開発コンサルタント、兵庫県立福祉のまちづくり研究所研究員を経て、現在、大和大学理工学部理工学科建築学専攻講師、NATS環境デザインネットワーク代表取締役。博士（工学）。一級建築士。
高齢者や障害者を取り巻く生活環境に関するテーマを中心に研究活動を行う傍ら、そこで得た知見を設計業務やUD監修業務に反映している。

［著書］

『ユニバーサルトイレ　多様な利用者のための環境デザイン手法』『福祉のまちづくりキーワード事典　ユニバーサル社会の環境デザイン』（共著）

心を癒やす環境デザイン　**デンマーク・オランダの高齢者居住環境に学ぶ**

2022年 4 月10日　第1版 発　行

著作権者との協定により検印省略

著　者　田 中 直 人 ・ 老 田 智 美
発行者　下　出　雅　徳
発行所　株式会社　**彰　国　社**
162-0067 東京都新宿区富久町8-21
電話　03-3359-3231（大代表）
振替口座　00160-2-173401

自然科学書協会会員
工学書協会会員

Printed in Japan

印刷：真興社　製本：ブロケード

ISBN 978-4-395-32176-6 C3052　https://www.shokokusha.co.jp